"我是小小集邮家"丛书

认识邮票中的建筑艺术

谢宇　主编

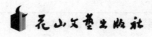
花山文艺出版社

河北·石家庄

图书在版编目（CIP）数据

认识邮票中的建筑艺术 / 谢宇主编. -- 石家庄：
花山文艺出版社，2013.6（2022.3重印）
（我是小小集邮家丛书）
ISBN 978-7-5511-1141-6

Ⅰ. ①认… Ⅱ. ①谢… Ⅲ. ①邮票－中国－图集②建
筑艺术－世界－青年读物 Ⅳ. ①G894.1②TU-861

中国版本图书馆CIP数据核字(2013)第128554号

丛 书 名："我是小小集邮家"丛书
书   名：认识邮票中的建筑艺术
主   编：谢 宇
责任编辑：冯 锦
封面设计：慧敏书装
美术编辑：胡彤亮
出版发行：花山文艺出版社（邮政编码：050061）
　　　　　（河北省石家庄市友谊北大街 330号）

销售热线：0311-88643221
传   真：0311-88643234
印   刷：北京一鑫印务有限责任公司
经   销：新华书店
开   本：880×1230 1/16
印   张：10
字   数：160千字
版   次：2013年7月第1版
　　　　　2022年3月第2次印刷
书   号：ISBN 978-7-5511-1141-6
定   价：38.00元

"我是小小集邮家"丛书

分册书名

1.认识邮票中的建筑艺术

2.认识邮票中的军事故事

3.认识邮票中的体育竞技

4.认识邮票中的文学与生肖故事

5.认识邮票中的植物世界

6.认识邮票中的动物世界

7.认识邮票中的名胜古迹 (1、2)

8.认识邮票中的社会建设成就 (1、2)

9.认识邮票中的艺术世界 (1、2)

10.认识邮票中的民俗与节日 (1、2、3)

11.认识邮票中的古今人物 (1、2、3)

编 委 会

前　言

　　新中国的邮票从1949年开始发行，基本都以建筑、自然风光、动植物为图案，其种类主要有普通邮票、纪念邮票、特种邮票等。纪念邮票是从1949年10月8日开始发行，新中国的纪念邮票多以重大的政治事件、庆典和节日为内容，对一些革命人物、文化名人以及重要的国际活动也发行过纪念邮票；特种邮票的题材非常广泛，包括了经济、社会建设、文化艺术、珍禽异兽、奇花异草、山水风光等。

　　"我是小小集邮家"丛书收录了从中华人民共和国成立到2010年，新中国所发行的各类邮票品种，以全新的分类方式，全方位展现给广大读者朋友，并依照邮票的志号（及时间先后）顺序，系统介绍了从1949年到2010年我国发行的每套邮票的时代背景、每一枚邮票的图案内容及主题和所涉及的相关知识、对邮票图案艺术设计特点的研究和鉴赏等。内容分为：风景名胜类、建筑类、人物类、动物类、植物类、艺术类、文学类、体育类、军事类等。全书对各类邮票采用简短、浅显易懂的文字进行介绍，通过图文混排的形式把它们全方位、多角度地展现在读者面前，使读者更加深刻地了解中国邮票艺术的发展历程、时代特征及收藏价值。

　　丛书在邮票发行背景的介绍中，力求真实、客观，以历史的本来面目记述事件与人物的真相。同样，邮票图案的设计也不是随心所欲的，它要与立题密切配合，相互依衬、相互烘托。因此，丛书在邮票图案内容的介绍中，既突出主题，又兼顾相关，使介绍的对象生动、跃然。全书语言生动，文笔优美，图片清晰，具有较高的趣味性和较强的可读性，是广大集邮爱好者学习集邮、鉴赏邮票必读的普及性读物。

前言

　　本丛书在编写过程中，得到了国内许多集邮爱好者的关心和支持（由于人员太多，请恕我们不能一一列举），特别是天津科技翻译出版公司各级领导和各位老师的悉心指导和帮助，在本丛书即将付印之际，特向相关人员表示诚挚的谢意。需要特别声明的是：本丛书只是丛书编委会人员就新中国邮票这一领域的首次大胆尝试，真心希望本丛书能够起到抛砖引玉的作用，希望在这一领域能够不断涌现出更多、更好、更能适合读者阅读的好图书。

　　另外，由于编写人员知识水平有限及编写时间仓促，尽管我们尽最大努力想把每一部分内容都能够做得更完美，但还是由于各方面的原因，仍有不尽如人意之处。在这里我们热诚希望广大读者朋友就书中的错谬之处大胆批评指正。读者交流邮箱：228424497@qq.com。

丛书编委会
2013年3月

目　录

天安门（第一组）

发行日期：1950.2.10

（普1）

9-1天安门	200圆	3 500万枚
9-2天安门	300圆	3 500万枚
9-3天安门	500圆	3 500万枚

认识邮票中的建筑艺术

9-4天安门	800圆	5 000万枚
9-5天安门	1 000圆	6 000万枚
9-6天安门	2 000圆	3 000万枚
9-7天安门	5 000圆	2 000万枚
9-8天安门	8 000圆	1 500万枚
9-9天安门	10 000圆	2 500万枚

邮票规格：18 mm×20.5 mm

齿孔度数：12.5度（800圆票有线式齿1种）

整张枚数：200枚

版　别：胶版

设计者：孙传哲

印刷厂：上海商务印书馆

全套面值：27 800圆

知识百花园

　　天安门位于中华人民共和国首都北京的市区中心，面临长安街。天安门原是明清两朝皇城的正门，明永乐十八年（1420）建成，当时名叫承天门。清顺治八年（1651）更名为天安门。1949年10月1日，中华人民共和国在这里举行了开国大典，并且它还被设计入国徽图案。1961年，天安门被中华人民共和国国务院公布为第一批全国重点文物保护单位之一。

　　这套邮票为新中国正式发行的第一套普通邮票，全套9九种，画面均为从右方透视的天安门图。

天安门（第二版）

发行日期：1950.6.9

（普2）

3-1天安门	1 000圆	3 000万枚
3-2天安门	3 000圆	3 000万枚
3-3天安门	10 000圆	1 780万枚

邮票规格：18 mm×20.5 mm

齿孔度数：12.5度（有光齿、毛齿）

整张枚数：200枚、另1 000圆票有50枚1种

版　别：凸版

设计者：孙传哲

印刷厂：华东邮政南京印刷厂

全套面值：14 000圆

天安门（第三版）

发行日期：1950.6.1（1～4、6图）；1950.12.1（5、7图）

（普3）

7-1天安门	100圆
7-2天安门	200圆
7-3天安门	300圆
7-4天安门	400圆
7-5天安门	500圆
7-6天安门	800圆
7-7天安门	2 000圆

邮票规格：18 mm×20.5 mm

齿孔度数：14度

整张枚数：200枚

版　　别：胶版

设计者：孙传哲

印刷厂：北京人民印刷厂

全套面值：4 300圆

知识百花园

这套邮票天安门上空为一大朵白云，与"普1""普2"不同，组成天空的线条较细密。自这套邮票开始，天安门挂上了毛主席像。

天安门（第四版）

发行日期：1950.12.22（2、3、5、6、8、10图）；1951.6.8（1、4、7、9图）

10-1	10-2	10-3	10-4	10-5
10-6	10-7	10-8	10-9	10-10

（普4）

10-1天安门	100圆	10-10天安门	5 000圆
10-2天安门	200圆		
10-3天安门	300圆	邮票规格：18 mm×20 mm	
10-4天安门	400圆	齿孔度数：12.5度	
10-5天安门	500圆	整张枚数：200枚	
10-6天安门	800圆	版　别：胶版	
10-7天安门	1 000圆	设计者：孙传哲	
10-8天安门	2 000圆	印刷厂：上海华东税务局印刷厂	
10-9天安门	3 000圆	全套面值：13 300圆	

天安门（第五版）

发行日期：1951.4.18

6-1　6-2　6-3

6-4　6-5　6-6

（普5）

6-1天安门	10 000圆
6-2天安门	20 000圆
6-3天安门	30 000圆
6-4天安门	50 000圆
6-5天安门	100 000圆
6-6天安门	200 000圆

认识邮票中的建筑艺术

邮票规格：19 mm × 20 mm

齿孔度数：14度

整张枚数：200枚

版　别：胶雕套印

设计者：孙传哲

印刷厂：北京人民印刷厂

全套面值：410 000圆

知识百花园

这是一套高面值邮票。用胶版印成粉红色网状底纹，天安门图案则用雕刻版凹印而成，使其图案花纹凸出纸面，手感明显。

天安门（第六版）

发行日期：1954.4.16

8-1　8-2　8-3　8-4　8-5　8-6　8-7　8-8

（普7）

认识邮票中的建筑艺术

8-1天安门	50圆
8-2天安门	100圆
8-3天安门	200圆
8-4天安门	250圆
8-5天安门	400圆
8-6天安门	800圆
8-7天安门	1 600圆
8-8天安门	2 000圆

邮票规格：18 mm×20 mm

齿孔度数：14度

整张枚数：230枚

版　别：胶版

设计者：孙传哲

印刷厂：北京人民印刷厂营业分厂

全套面值：5 400圆

知识百花园

　　这套邮票的画面较前几套天安门图案普票有些变化：天空中为大朵白云，中间无任何线条；天安门前的华表更为高大；面值改为阿拉伯数字并加了一个"圆"字，汉字面值挪到右上方；天安门上的毛主席像两旁各增加了一条标语牌；整个画面改为单线边框。

天安门（第七版）

发行日期：1955.9.20

5-1　　　　　　　5-2

5-3　　　　　5-4　　　　　5-5

（普9）

5-1天安门	1元
5-2天安门	2元
5-3天安门	5元
5-4天安门	10元
5-5天安门	20元

邮票规格：26.5 mm × 20 mm

齿孔度数：14度

整张枚数：100枚

版　别：雕刻版

设计者：孙传哲

印刷厂：北京人民印刷厂营业分厂

全套面值：38元

知识百花园

这套邮票主图为从左方透视的天安门，图幅改成横长方形。

邮票解析

图5-1【天安门】紫红色　　　1元

图5-2【天安门】深棕色　　　2元

　-3【天安门】蓝灰色　　　5元

图5-4【天安门】橘红色　　　10元

图5-5【天安门】青莲色　　　20元

武汉长江大桥

（纪43）

2-1（153）大桥侧景　　8分　　1 000万枚

2-2（154）大桥鸟瞰　　20分　　700万枚

邮票规格：39 mm×22 mm

齿孔度数：14度

整张枚数：96枚

版　别：雕刻版

设计者：卢天骄

雕刻者：孔绍惠、鞠文俊

印刷厂：中国近代印刷公司

全套面值：0.28元

认识邮票中的建筑艺术

知识百花园

武汉长江大桥位于湖北省武汉市，大桥横跨于武昌蛇山和汉阳龟山之间（龟蛇锁大江），是中国在万里长江上修建的第一座铁路、公路两用桥梁。武汉长江大桥于1955年9月1日开工建设，1957年10月15日建成通车。

全桥总长1 670米，其中正桥1 156米，西北岸引桥303米，东南岸引桥211米。从基底至公路桥面高80米，下层为双线铁路桥，宽14.5米，两列火车可同时对开。上层为公路桥，宽22.5米，其中车行道18米，设四车道；车行道两边的人行道各2.25米。桥身为三联连续桥梁，每联三孔，共八墩九孔。每孔跨度为128米，为巨轮终年航行无阻起了很大的作用。

为展示我国社会主义建设的巨大成就，庆祝武汉长江大桥建成通车，邮电部发行了这套纪念邮票。两幅画面从不同角度展现了大桥的雄姿。

邮票解析

图2-1【大桥侧景】邮票画面为红色。主图为大桥侧面图，展示了大桥的巍峨壮观。

图2-2【大桥鸟瞰】邮票画面为深绿色。主图为大桥鸟瞰图。展示了大桥的舒展流畅。

武汉长江大桥

中国古塔建筑艺术

发行日期：1958.3.15

4-1　　　　4-2　　　　4-3　　　　4-4

（特21）

4-1（127）登封嵩岳寺塔	8分	800万枚
4-2（128）大理千寻塔	8分	800万枚
4-3（129）应县释迦塔	8分	800万枚
4-4（130）洪赵飞虹塔	8分	800万枚

邮票规格：27 mm × 32 mm

齿孔度数：14度

整张枚数：99枚

版别：雕刻版

设计者：高振宇、赵亚云、宋广增、高品璋

印刷厂：中国近代印刷公司

全套面值：0.32元

《中国古塔建筑艺术》特种邮票，所选四座塔均为具有独特建筑风格的古塔，已被国家列入第一批重点文物保护单位。

图4-1【登封嵩岳寺塔】坐落在河南省登封市西北太室山南麓的嵩岳寺内，是我国现存最早的砖塔。建于北魏正光年间（520～524）。嵩岳寺原为北魏皇帝的一处离宫，孝明帝正光元年舍为佛寺，名闲居寺。隋仁寿二年（602）更名为嵩岳寺。北魏时期，寺院规模较大，当时"落落堂宇，逾一千间"，"十五层塔，拔地四铺而耸，凌空八相而圆。方十二丈，户牖数百。"隋唐时，又在北魏殿宇的基础上进行扩建。此后，寺院便逐渐衰落，现存寺院已大为缩小，除寺内巍然屹立的砖塔为北魏原物外，余皆清代遗迹。

图4-2【大理千寻塔】坐落在云南省大理县洱海之滨的宗圣寺内，建于唐代中叶的南诏国丰祐时期（823～859）。塔高69.13米，是现存唐代最高的砖塔，共16层，平面呈正方形，在第一层高大的塔身上，密檐16层，呈弧线轮廓。每层正面中央开券龛，内置白色大理石佛像一尊，塔顶卷刹圆和。塔心中空，原有井字形楼梯，可供攀登。该塔外形与西安小雁塔相似，为典型唐塔风格。1979年，国家有关部门在进行维修时，在塔基地宫内，出土了陶制小塔、梵文经咒印模等珍贵文物600多件，其中有重达1 135克的纯金观音像。同时，在塔刹还发现了青铜镜、铜牌、瓷器、金银器、佛像、菩萨像等。

在千寻塔后，还有南北两座实心小砖塔，均高42.19米，平面呈八角形，各十层，每层设平座，第四、六级还有斗拱，檐下浮雕联窗。塔身外面涂抹一层白色泥皮，塔顶有镏金塔刹宝顶，两相对称，华贵庄重。建筑年代略晚，为五代时期的产物。三塔一组，犹如巨鼎三足，合称大理三塔，又叫崇圣寺三塔，自唐代以来，便为云南著名景点，古人周游，多所记述，在《徐霞客游记》中有详尽描绘。气势宏伟的大理三塔，历经1 000多年的风雨剥蚀和多次强烈地震，仍巍然屹立，是国内外享有盛名的塔群。

图4-3【应县释迦塔】位于山西省应县佛宫寺内，又称"应县木塔"，为我国也是全世界现存最大的木塔。应县原是辽国首都平城（今山西大同市）近畿的应

州，当时崇信佛教的辽兴宗在河北、山西一带掳掠了几万民工，大建佛塔和寺庙，应县木塔于辽清宁二年（1056）建成。木塔通高67.31米，平面呈八角形，塔身外观五层六檐，最下层是重檐，二、三、四层都有平座夹层，因此全塔实为九层。各明层外柱均立在下层外柱的梁架上，并向塔心收进半柱径，从而构成塔身极为优美的收分曲线。为了保持塔身的稳定，木塔结构采用双层环形空间构架。在明暗各层柱顶上均用多层木枋连接，构成内外两道八角形木环。木环间用梁架、斗拱联系，各暗层内柱之间以及内外角柱之间均加设不同方向的斜撑，从而使整个构架连成一个整体。全塔建筑在一个夯土心的砖石基座上，基座分两层，下层方形，上层八角形。在八角形台基座上，布置内槽柱、外槽柱和副阶前檐柱。木塔内部空间的处理也颇具匠心，底层内外柱间是朝拜礼佛的通廊，中心为佛坛，坛上有高达11米的释迦牟尼全身坐像一尊，"释迦塔"之名便由此而来。木塔的细部处理也表现出极高的艺术水平，举折平缓的层层挑檐，与14米高的塔顶铁刹组合在一起，造型挺拔秀丽。各层檐下50多种斗拱如云朵簇拥，使木塔更加飘逸而生动。

图4-4【洪赵飞虹塔】位于山西省洪洞县广胜上寺内，为我国现存最大最完整的琉璃塔。广胜寺位于洪洞县城东北17千米的霍山南麓，创建于东汉建和年间（147–149），名俱舍寺。唐大历四年（769）汾阳郡王郭子仪奏请重修，并改称广胜寺。以后经元、明、清各代修葺增建，成为一个具有相当规模的佛教寺院群，广胜寺包括上寺、下寺和龙王庙三部分。上寺建在山顶，翠柏环抱，风景秀丽。主要建筑有弥勒殿、大雄宝殿、毗卢殿以及飞虹塔。飞虹塔，始建于汉（一说北周），屡经重修。而以琉璃重建始于明正德十一年（1516），历时12年，于嘉靖六年（1527）竣工。塔平面呈八角形，通高47.31米，13层。除底部的重木回廊外，其他均为砖砌，塔顶和各层间的脊筒、椽檐、斗拱、铺瓦等，全用七色琉璃砌筑。壁间又分别镶嵌琉璃门框、角柱，还有大量琉璃佛像和花纹装饰。其间的斗拱、倚柱、佛像、菩萨、金刚、花卉、盘龙、鸟兽等各种构件和图案造型，都各有特色，无一重复，色彩明丽，精巧细腻。塔身之外，全贴七色琉璃，在蓝天白云映衬下，五彩缤纷，光彩夺目，犹如雨后长虹，闪闪欲动，飞虹塔便由此得名。清康熙三十四年（1695），临汾盆地曾发生一次八级地震，此塔只有金顶稍有损坏，余皆安然无恙，现在塔顶尚存有地震损害金顶的题记，是研究当年地震的珍贵资料。另外，广胜下寺和龙王庙，还有精美的元代壁画和塑像，以及极为珍贵的金代刻版大藏经，4 000余卷（现已移交北京图书馆收藏），与飞虹塔一样，均为价值连城的国宝。

人民英雄纪念碑

发行日期：1958.5.1、1958.5.30（M）

1-1

（纪47）

（纪47 小全张）

1-1（165）人民英雄纪念碑　　　8分　　　　800万枚

小全张（M）人民英雄纪念碑　　8分　　　　20万枚

邮票规格：35 mm×27.5 mm

小全张规格：87 mm×137 mm，其中邮票尺寸：35 mm×27.5 mm

齿孔度数：14度、无齿（M）

整张枚数：90枚

版　别：雕刻版

设计者：孙传哲、刘硕仁（M）

雕刻者：孔绍惠

印刷厂：中国近代印刷公司

全套面值：0.08元

小全张面值：0.08元

知识百花园

　　1949年9月30日，在开国大典前夕，中国人民政治协商会议第一届全体会议通过了在首都北京建立人民英雄纪念碑的决议。当天傍晚，毛泽东与政协委员在天安门前举行了隆重的奠基典礼，周恩来致辞说："为号召人民纪念死者，鼓舞生者，特决定在中华人民共和国首都北京建立一个为国牺牲的人民英雄纪念碑。"纪念碑于1952年8月1日正式动工。全碑用石17 000多块。纪念碑碑基底台面积3 000多平方米，碑身通高37.94米，整个碑体坐南朝北，正面刻有毛泽东题写的"人民英雄永垂不朽"八个镏金大字，背面镌刻着周恩来书写的由政协一次会议通过的碑文："三年以来，在人民解放战争和人民革命中牺牲的人民英雄们永垂不朽！三十年以来，在人民解放战争和人民革命中牺牲的人民英雄们永垂不朽！由此上溯到一千八百四十年，从那时起，为了反对内外敌人，争取民族独立和人民自由幸福，在历次斗争中牺牲的人民英雄们永垂不朽！"为纪念人民英雄纪念碑的建成，表达全国人民对革命先烈的缅怀和尊敬，邮电部于纪念碑揭幕之日，发行了这套纪念邮票。全套一枚，主图即为屹立在天安门广场上的纪念碑整个建筑，画面为红色。小全张画面上除纪念碑邮票外，还印有纪念碑正面和背面的碑文。

北京电报大楼落成纪念

发行日期：1958.9.29

（纪56）

2-1（185）北京电报大楼　　4分　　450万枚

2-2（186）北京电报大楼　　8分　　800万枚

邮票规格：34.5 mm×26 mm

齿孔度数：14度

整张枚数：90枚

版　　别：雕刻版

设计者：刘硕仁

雕刻者：孔绍惠

印刷厂：北京人民印刷厂

全套面值：0.12元

北京是全国通信的枢纽，是我国与世界各国通信联系的中心。建在北京西长安街上的电报大楼是中国国际通信的主要机构。它是在苏联专家及民主德国专家的帮助下，于1958年10月1日顺利建成营业的。

大楼长101米，立体部分6层，高32.5米。其正面中央建有高达60米的钟楼，四面均装有直径5米的时钟。整个楼面装饰除第一层镶有磨光花岗岩外，其余部分均贴米黄色面砖。楼层之间有鲜明的腰线，使大楼轮廓十分美丽壮观。其内部一层中央营业厅宽敞而明亮，设有电报、电话、邮政的服务柜台，还有长途电话营业厅和休息室。分设在大楼各层的机房和报房均装有通风、降温的空调设备。报房内设有国际、国内、市内的电报电路。在这些线路上，采用了大量的现代化电报通信设备，如自动电传机、传真电报机、多路载波电报机等。在电报的内部传输和处理上，也采用了大量自动化和机械化设备，以便于减轻劳动强度，缩短周转时间，提高工作效率，设备还采用了稳定可靠的电源，加强了对工作人员的劳动保护。这是我国第一座最新式的电报大楼，它的建成，标志着我国电信事业发展的新水平。为此，邮电部发行了这套纪念邮票，以表达对这一重要电报通信枢纽建成的祝贺。两幅画面均为北京电报大楼的外景。

北京电报大楼

北京天文馆

发行日期：1958.6.25

（特23）

2-1（134）北京天文馆　　　8分　　　800万枚

2-2（135）人造星空　　　20分　　　350万枚

邮票规格：30 mm×23.5 mm

齿孔度数：14度

整张枚数：110枚

版　别：雕刻版

设计者：吴建坤

雕刻者：高品璋、高振宇

印刷厂：中国近代印刷公司

全套面值：0.28元

图2-1【北京天文馆】北京天文馆位于北京海淀区西直门外大街南侧，1955年10月动工，1957年9月29日落成。"北京天文馆"匾额为郭沫若所题。门旁的两块浮雕，分别为太阳和月亮在人的托举中，代表白天和黑夜。正门上塑有28宿位置的四象：苍龙、白虎、朱雀、玄武。门厅中央装有1851年法国物理学家发明的"傅科摆"，利用它可以看出地球的自转。门厅平顶上有嫦娥奔月、女娲补天、后羿射日、夸父逐日等神话故事图案，外圈还有12生肖的浮雕，极具民族风格。该馆内部主要有一个直径25米，可容纳580人的圆形建筑——天象厅，以及展览厅、讲演厅和用来观测天体的天文台等。

图2-2【人造星空】利用诸多光学和机械装置，将模拟的星空形象投射到半球形的银幕上，使人犹如身临星空之下。在北京天文馆的天象厅里，状如巨形哑铃似的天象仪，置于大厅中央，当灯光暗下来的时候，它便可以表演天球旋转、太阳、月球、行星等的运动和稀有的天文现象，如彗星出现，流星雨降临和日食、月食等，使人增加了对星空、天体的认识和了解，丰富了天文知识。邮票画面即为放映和表演人造星空的天象仪。

中央自然博物馆

发行日期：1959.4.1

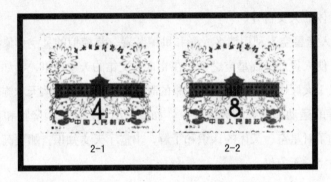

（特31）

2-1（158）中央自然博物馆　　4分　　400万枚

2-2（159）中央自然博物馆　　8分　　800万枚

邮票规格：30 mm×22.5 mm

齿孔度数：14度

整张枚数：120枚

版　别：雕刻版

设计者：吴建坤

雕刻者：张永信、宋广增

印刷厂：北京人民印刷厂

全套面值：0.12元

自然科学是科学整体中的一个组成部分。生物学作为自然科学的一个门类，是研究植物、动物和微生物的结构、功能、发生和发展规律的科学。目的在于阐明和控制生命活动，改造自然，为农业、工业和医学的实践服务。几千年来，我国在农、林、牧、副、渔和医药等实践活动中积累了有关动物、植物、微生物和人体的丰富知识。在19世纪以前，生物学的研究方法主要局限于描述。1859年达尔文《物种起源》的发表，确立了唯物主义的生物进化观点，推动了生物学的迅速发展。生物学的分科繁多，有动物学、植物学、微生物学、分类学、形态学、解剖学、生理学、胚胎学、组织学、细胞学、遗传学、生态学、古生物学、生物地理学、进化论等。20世纪50年代以来，由于广泛深入地应用化学和物理学上的新成就，生物化学和生物物理学两门边缘科学得到迅速发展；对生命现象的研究，日益从整体深入到细胞、亚细胞和分子水平，使分子生物学成为现代生物学的一个重要发展方向。在对蛋白质、核酸的结构和功能以及两者之间的关系深入阐明的基础上，人类在代谢调节、光合作用、遗传变异、细胞分化和免疫机理以及生命起源、个体发育、系统发育等方面取得了进一步的了解，从而为在工业上应用人工合成的高效生物催化剂，在农业上更快地培育新品种，在医药上控制恶性肿瘤、放射病、遗传病等创造了条件。由于工程技术方面发展的需要，出现了新兴的仿生学，在工程技术领域模拟生物的某些结构和功能原理，这将有助于此项技术的革新。随着人类活动范围的不断扩大，宇宙生物学、辐射生物学、深海生物学以及研究环境保护的生物学科，也相继发展，并进入各学科综合和交叉的时代。

为了进一步发展我国的生物科学，普及和宣传推广生物学的知识，我国于1958年动工兴建了中央自然博物馆。该馆位于北京市东城区天桥大街东侧。"中央自然博物馆"匾额为当时的中国科学院院长郭沫若所题。馆内共设四个陈列室，分别为：植物陈列室，通过大量现代植物标本和古代植物化石，展示植物的主要类型和进化历程；动物陈列室，通过无脊椎动物和脊椎动物的标本，再现动物进化过程中的一系列质变；古动物陈列室，陈列珍贵稀有的古脊椎动物化石，介绍这些动物的演变发展；古人类陈列室，通过古人类学、人类学、解剖学、考古学等方面的材料和人与动物的骨骼、内脏等标本，说明人类起源的科学论断。

邮电部发行的这套特种邮票共两种，图案均为中央自然博物馆外景。

首都机场

（特34）

2-1（162）候机大楼　　　　8分　　　800万枚

2-2（163）民用航空飞机　　10分　　　400万枚

邮票规格：31 mm×20.5 mm

齿孔度数：14度

整张枚数：120枚

版　　别：胶雕版

设计者：万维生

雕刻者：高品璋、孙鸿年

印刷厂：北京人民印刷厂

全套面值：0.18元

首都机场位于北京市东北部的顺义区境内，距市中心天安门的直线距离为25.2千米。机场的主体建筑为候机大楼，停机坪可以同时停放十多架飞机。1974年曾进行大规模的扩建改造，并于1980年元旦正式投入使用，使这座机场可以在复杂的气候条件下保证各类飞机昼夜安全起降，成为与国内各大城市及世界许多国家空中联系的航空枢纽，堪称我国最大的现代化航空港。

邮票解析

图2-1【候机大楼】候机楼为六层建筑物，建筑面积11 000平方米。旅客在营业厅集中办理各种手续和取、送行李。中心的迎送大厅连通着候机厅、贵宾休息室、中西餐厅、宴会厅和母子候机室，楼内设有邮局、银行、小卖部、电影馆等设施，室内设有通风设备。邮票画面即为这座飞机场候机大楼外貌。

图2-2【民用航空飞机】民航指使用飞机或其他飞行器从事非军事性的航空活动。用于航空运输和专业飞行（从空中进行防治病虫害、除草、施肥、播种、护林、摄影、探矿、探测鱼群等活动）。我国民航始于1921年。新中国成立后于1950年8月1日正式开辟民用航空运输线，形成了以北京为中心的国内航空网。同时，国际航线也在不断增加，密切了中国人民同世界各国人民的友好联系。邮票画面为旅客排队登机的场面。

首都机场停机坪

认识邮票中的建筑艺术

27

民族文化宫

发行日期：1959.12.10

（特36）

2-1（176）民族文化宫　　4分　　400万枚

2-2（177）民族文化宫　　8分　　800万枚

邮票规格：29 mm×24 mm

齿孔度数：14度

整张枚数：30枚

版　别：胶雕版

设计者：万维生

雕刻者：孙鸿年

印刷厂：北京人民印刷厂

全套面值：0.12元

　　中国是一个统一的多民族国家。在辽阔富饶的土地上，居住着56个民族。据1990年第四次全国人口普查统计，全国人口总数为11.34亿。其中汉族人口最多，有10.4亿多人，占91.96%。其他55个民族共有9 120多万人，占8.04%。在少数民族人口中，壮族最多，有1 540多万；珞巴族最少，只有2 300多人。少数民族人口在全国人口中所占的比例虽小，但他们居住的地方却很辽阔。从东北的乌苏里江流域，到西北的帕米尔高原，从海南岛的椰树林，到茫茫的蒙古大草原，到处都有少数民族兄弟姐妹。少数民族自治地方的面积约占全国总面积的64%，主要分布在内蒙古、吉林、宁夏、甘肃、新疆、西藏、青海、广西、云南、海南、贵州、四川、湖南、湖北等省和自治区。这些地方大都位于祖国的边疆地区，战略地位十分重要。

　　新中国成立后，国家实行民族区域自治政策。我国已建立内蒙古、新疆、广西、宁夏、西藏5个自治区、30个自治州、121个自治县（旗），还建立了1 246个民族乡。这对保障少数民族的平等权利，发挥少数民族人民的积极性，促进少数民族地区的经济和文化事业的繁荣，加强各民族团结，维护祖国统一，都具有积极作用。1959年9月7日建成的北京民族文化宫，是我国各族人民亲密团结的象征。为此，邮电部发行了这套"民族文化宫"特种邮票。

　　北京民族文化宫坐落在北京西城区复兴门内大街北侧。平面为"山"字形，主楼为13层塔式建筑。高67米。裙楼3层，左右对称。屋顶覆盖孔雀蓝琉璃瓦，外墙贴白色面砖，金色大门漆有"团结""进步"四字，"民族文化宫"五个字为毛泽东题写。中央大厅明亮宽阔，地面由绿色大理石铺就，白色大理石的墙壁上镶嵌有四块汉白玉浮雕。大厅北面为展览厅，入口处有毛泽东手书"中华人民共和国各民族团结起来"的汉白玉刻石。还有一幅大型重彩绢画。图案为56个民族人物载歌载舞，把毛泽东拥立在中心，表达了祖国大家庭团结欢乐的气氛。展览厅的底层为藏书达60万册的图书馆。文化宫的东侧，为一座礼堂，设有1 500个座位及能译我国八种民族语言的"译意风"。西侧为文娱馆。地下室设有体育室、游艺室、音乐室。这套邮票的两幅画面均为这座建筑物的侧面平视图。

全国农业展览馆

发行日期：1960.1.20

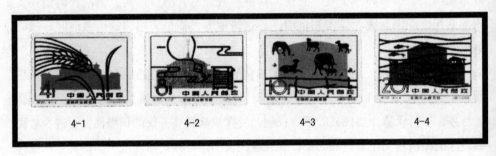

4-1　　　　　4-2　　　　　4-3　　　　　4-4

（特37）

4-1（178）综合馆　　　　4分　　　　400万枚

4-2（179）气象馆　　　　8分　　　　800万枚

4-3（180）畜牧馆　　　　10分　　　　400万枚

4-4（181）水产馆　　　　20分　　　　250万枚

邮票规格：34 mm×22.5 mm

齿孔度数：14度

整张枚数：60枚

版　别：胶雕版

设计者：吴建坤

雕刻者：孔绍惠、唐霖坤、高品璋、孙鸿年

印刷者：北京人民印刷厂

全套面值：0.42元

中国农业发展的丰硕成果——全国农业展览馆于1959年9月17日在北京建成，邮电部为此发行了这套特种邮票。

该馆位于北京市朝阳区三里屯，包括十二个展览分馆和一个牲畜展览场。建筑总面积25 500平方米，占地60多公顷，这座宏伟宽敞、完全对称的建筑群，以雄伟的亭阁式主馆为中心，由长廊和林荫大道连接为一个整体，布局严谨，富有民族风格。主馆前有一个30 000多平方米的宽阔广场，布置着大型雕塑、草坪和各种花卉树木。主馆后面有一个大型人工湖，环境优美安静。整个展馆，分别展出我国的农业成果和驰名中外的名贵特产。自1959年以来，曾多次举办全国农业建设成就展览。

邮票解析

图4-1【综合馆】为全国农业展览馆的主馆。是一座绿色琉璃瓦屋顶的三层重檐八角亭楼，高33米，外观宏伟壮丽。馆内的中央圆厅，地面与墙壁由紫红色晚霞般的大理石铺设，用来展出农、林、牧、副、渔发展的情况。邮票画面以一株硕大的麦穗作为主图，反映了该展馆以农业为主体的特征。

图4-2【气象馆】为一座圆形结构建筑，屋顶装有一架随风转动的风向仪，四根剁斧假石柱构成门廊，上部雕有云朵状石膏花纹。馆内大圆厅顶棚，装饰着瑞雪兆丰年的精美图案。邮票画面以冉冉升起的探空仪和地面上的百叶箱作为主图，揭示了气象与农业的关系。

图4-3【畜牧馆】为一座曲尺形建筑物，拐角部分为中央圆厅，外观似蒙古包。宽大的窗上镶着以羊、鹿、马等为图案的铁花，颇有民族特色。展厅旁设有牲畜棚圈，供参与全国各地的良种牲畜展出。邮票画面即以神态各异的牛、马、羊为主图。

图4-4【水产馆】为"山"字形的巨大建筑物，中间是水晶宫，两边为展览厅。北侧展厅入口处有一个巨型屏风，上绘中国传统的鲤鱼跳龙门图案，表达着我国水产事业的飞跃。邮票画面以游动着的鱼群为主图。

人民大会堂

2-1   2-2

（特41）

2-1（201）人民大会堂前景　　　8分　　　540万枚

2-2（202）大礼堂　　　　　　　10分　　　240万枚

邮票规格：52 mm×31 mm

齿孔度数：11.5度

整张枚数：50枚

版　别：影写版

设计者：万维生

印刷厂：北京邮票厂

全套面值：0.18元

　　人民大会堂是全国人民代表大会会议场所和全国人大常委会所在地，是我国著名现代的建筑之一。它于1958年10月20日破土动工，1959年9月24日胜利落成，是新中国成立10周年首都国庆工程所规划的建筑之一。为向世人介绍这座建筑物，宣传国家的社会主义建设成就，邮电部发行了这套"人民大会堂"特种邮票。

邮票解析

　　图2-1【人民大会堂前景】人民大会堂坐落于北京天安门广场西侧，南北长336米，东西宽206.5米，建筑总面积为17万平方米。体积为159.69万立方米。平面呈山字形，正面由12根高25米的浅灰色大理石门柱构成宏伟的门廊，面对天安门广场，正门顶上镶嵌着巨大的国徽，两侧联系体上也以柱廊相连，顶部装饰着金黄色的琉璃檐，在蓝天的衬托下，分外明快和谐。人民大会堂中间的主体部分是万人大礼堂，北侧是宴会大厅，南侧是全国人大常委办公的地方，它为一个口字形大楼，中间是一片6 000平方米的庭院，是集体摄影和休息的场地。整个建筑气势宏伟，代表了新中国的现代建筑水平。邮票画面即是人民大会堂的前方外景，雄伟巍峨，美丽壮观。

　　图2-2【大礼堂】从东面登上花岗岩台阶，走进大铜门，穿过风门厅和衣帽厅，进入由桃红色大理石铺地的中央大厅。周围的二十根明柱与五盏水晶玻璃大吊灯，使大厅显得淡雅、高贵和宁静。穿过大厅，即进入万人礼堂，礼堂宽76米，深60米。顶棚有500个灯孔，由中央红星向四周散射，如满天辰星，辉煌灿烂。主席台可容纳三百人，椭圆形的大会场，有两层挑台，在每个底层宽阔的席位上，装设可同时译12种语言的"译意风"，每四个席位上又有一个可即席发言的麦克风。大礼堂内部没有立柱，视线极为开阔。在主席台两侧为广播、摄影、电视转送枢纽。从北门进去，是铺着绿色大理石的宴会厅底层大厅，为宴会前休息之处。登上62级汉白玉台阶，迎面墙壁上挂着《江山如此多娇》的巨幅国画，表现了毛泽东《沁园春·雪》的意境。穿过走廊进入面积7 000平方米、设有5 000个席位、中央顶棚装有藻井和水晶灯、具有强烈的民族风格的宴会厅。南侧为人大常委办公楼，内设常委会会议厅、使节接待厅、各种办公室等，具有中华民族传统文化气息和典雅的艺术氛围。

北京铁路车站

发行日期：1960.8.30

2-1

2-2

（特42）

2-1（203）车站正面　　8分　　500万枚

2-2（204）站台　　　　10分　　200万枚

邮票规格：52 mm×31 mm

齿孔度数：11.5度

整张枚数：50枚

版　　别：影写版

设计者：刘硕仁

印刷厂：北京邮票厂

全套面值：0.18元

北京是中国的政治、经济、文化中心，也是交通枢纽中心。北京铁路车站于1959年1月20日开工，当年9月10日竣工。大楼东西长218米，南北宽88米，高43米，建筑面积46 700平方米。大楼共三层，底层大厅极宽敞明亮，设有旅客售票厅，行李提取厅和行李托运厅、市郊候车室，有四部电梯、四部电动扶梯和两列楼梯，该站二层东西两侧为两个候车室，面积为3 200平方米，并设有餐厅、电影厅、电视室、游艺室、阅览室等，为旅客候车提供服务。第三层为铁路办公用房。整个建筑，宏伟庄严，设施齐全，适用方便。

图2-1【车站正面】邮票画面为北京铁路车站正面图。其中间屋顶呈扁壳状，下面为拱形高窗。屋顶两旁为对称的塔式钟楼，高43米，钟直径四米，钟面为墨玉大理石，时间显示昼夜醒目。

图2-2【站台】邮票画面为北京铁路车站的站台图。它有六个站台，12条股道，每天由该站始发、到达的列车有200～250对。全部信号、通信设备均由电钮操作，10～12秒内即可办理完毕。站前广场的面积约四万平方米，可容纳五万人。

中国人民革命军事博物馆

发行日期：1961.8.1

2-1

2-2

（特45）

2-1（228）中国人民革命军事博物馆前景　　8分　　600万枚

2-2（229）中国人民革命军事博物馆前景　　10分　　300万枚

邮票规格：52 mm×31 mm

齿孔度数：11.5度

整张枚数：50枚

版　　别：影雕版
设计者：刘硕仁
雕刻者：孔绍惠
印刷厂：北京邮票厂
全套面值：0.18元

中国人民革命军事博物馆坐落在北京海淀区复兴路玉渊潭公园南侧，占地80 419平方米，东西长214.4米，南北宽144.4米，通高94.7米，建筑总面积60 557平方米。1958年10月动工，1959年8月16日建成，1960年8月1日正式开放。主楼七层，顶端建有塔座，座顶为一颗中国人民解放军"八一"军徽。一层为中央大厅，东侧分别为"第二次国内革命战争馆""抗日战争馆""第三次国内革命战争馆"，有文物、图片共5 000多件。西侧为"综合馆"和"保卫社会主义革命和社会主义建设馆"，展示了人民武装力量在新的历史时期的重大作用。各展馆和休息室内均设有各种电动图表和艺术雕塑。中央大厅外广场，陈列着在历次革命战争中使用过的和缴获敌人的武器。整个博物馆展示了人民军队的光辉事迹。在博物馆开馆一周年之际，邮电部发行了这套特种邮票，两幅画面均为该馆正面平视图。

中国人民革命军事博物馆

认识邮票中的建筑艺术

革命圣地（第二版）

发行日期：1962.1.10（1～8图）；1970.7.1（9～12、14图）；1971.2.10（13图）

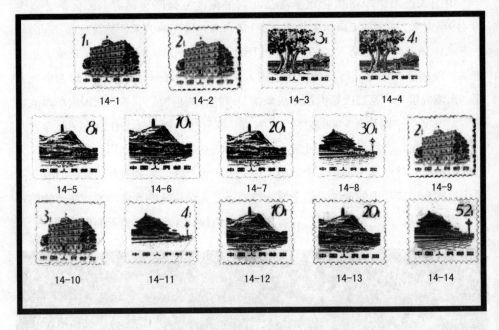

14-1   14-2   14-3   14-4

14-5   14-6   14-7   14-8   14-9

14-10   14-11   14-12   14-13   14-14

（普12）

14-1南昌"八·一"大楼	1分
14-2南昌"八·一"大楼	2分
14-3瑞金沙洲坝	3分
14-4瑞金沙洲坝	4分
14-5延安宝塔山	8分
14-6延安宝塔山	10分

14-7 延安宝塔山	20分
14-8 天安门	30分
14-9 南昌"八·一"大楼	2分
14-10 南昌"八·一"大楼	3分
14-11 天安门	4分
14-12 延安宝塔山	10分
14-13 延安宝塔山	20分
14-14 天安门	52分

邮票规格：25 mm×21 mm

齿孔度数：（1～8图）12.5度；（9～14图）11×11.5度；另14-22图有

11×11.5度；14-4图有14度；14-5图有14、11×11.5度

整张枚数：200枚

版　　别：胶版

设计者：孙传哲

印刷厂：北京邮票厂

全套面值：1.69元

知识百花园

这套主图与"普1"比，票幅和"中国人民邮政"六个字较小。

天安门广场夜景

认识邮票中的建筑艺术

中国古代建筑—桥

4-1

4-2

4-3

4-4

（特50）

4-1（252）安济桥	4分	500万枚
4-2（253）宝带桥	8分	800万枚
4-3（254）珠浦桥	10分	400万枚
4-4（255）程阳桥	20分	300万枚

邮票规格：54 mm×20 mm

齿孔度数：11度

整张枚数：75枚

版　别：影写版

设计者：刘硕仁

印刷厂：北京邮票厂

全套面值：0.42元

邮票解析

图4-1【安济桥】俗称赵州桥，位于河北省赵县城南2.5千米的洨河之上，有"天下第一桥"之誉。它建于隋开皇（591～599）年间，初名赵郡洨河石桥，为单孔大石桥空腔式新型桥，全部用石块建造。桥身全长50.82米，宽9.6米，跨在河上的拱形桥面长37.2米，拱高7.23米，桥高与跨度的比例呈1∶5左右，因此桥面坡度较小，便于行人来往，车马通行。拱顶高又便于桥下行船。桥面坦直，中间行车马，两边走行人。桥身两侧，有44根望柱，其间的栏板上，刻有互相戏斗的狮、龙等浮雕，中间几根望柱顶端，有石雕狮子像，正是"蟠绕挐踞，若飞若动。"该桥采用纵向并列砌置拱石技术，共用石料一千多立方米。并列的28道拱圈，用铁榫连续起来，拼成一个半圆形的大桥洞，使石块之间互受压力，彼此挤紧不动，能各自独立承担荷载，也便于进行修理。每块拱石有一吨多重，各面都钻有细密的斜纹，让拱石贴得更紧，并列的石拱用"腰铁""铁拉杆"横向连接，使桥身成为一个整体，非常坚固。该桥首创了"敞肩拱"的桥型，即在大桥的两肩各背着两个小拱，这种布局，不仅能使桥型美观，减轻桥身自重，节省填腹材料，而且增加了洪汛季节桥下的过水面积，减轻洪水对桥身的冲击力，保证桥体安全，完全符合结构力学理论。该桥后来改名安济桥，系宋哲宗赵煦于公元1086～1094年间北巡时所赐，取"通济利涉，安全渡过"之意。至今1 300多年来，安济桥经受了地震、洪水、风雨的考验，桥台却只下沉了五厘米，雄姿不减当年，真是"奇巧固护，甲于天下"，实为"天下之雄胜"，是中国人引为骄傲和自豪的一处古代建筑。

图4-2【宝带桥】又称小长桥，位于苏州市东南蒻门外三千米处，跨越南运河支流澹台湖口的五代代河，与东侧的南运河平行。它是我国最早的联拱长石桥，长317米，有53个桥孔，直径共长249.8米，南北端均有砌驳引道，各长43.8米和23.2米，桥宽4.1米。桥墩两端，原各有石狮一对。北端有石塔和碑亭各一座，塔高三米，碑亭内有清代张松声的碑记。27与28孔之间的桥墩上亦有一座相同的石塔。该

桥因主要作为"纤道"之用，故跨径设置较小，桥身较矮，贴近水面。为通行官船，中间开有三个较高较大的桥孔。该桥根据相邻桥孔的推力可以相互平衡的原理，采用薄型桥墩，这是拱桥建造史上的一大进步。其桥体薄似飘带，而得"宝带桥"之名。据《苏州府志》记载，宝带桥始建于唐宪宗元和元年（806），历经400余载后，至南宋理宗绍定五年（1232）始重修。在元明时期又多次重修。到了清代，于道光十一年（1831）由林则徐主持修复此桥。同治二年（1863），英国侵略者戈登为镇压太平军，曾毁掉宝带桥的大孔，后经修复。抗战期间，日本侵略者炸毁桥南段六孔，使其面目皆非，直至1956年经苏州市人民政府修复，才使之重放光彩。宝带桥的桥孔多、桥身长、造型优美、结构巧妙，为中外古桥中所罕见。为保护这座古桥，1972年1月，国家在其桥旁又修建了一座新的宝带桥，横卧在澹台河上，使两条玉带同时飘垂水面，为湖山增色不少。

图4-3【珠浦桥】又名安澜桥，位于四川省灌县岷江上。初建于宋代以前，清嘉庆八年（1803）重建。桥长340米，8孔，最大跨径61米，全桥由10个石礅和8个木架支撑，桥面上用十根粗大的竹索拉平，上铺木板，为防止木板滑落，上面还没有压板索两根。两侧护栏各有竹索五根，防止行人坠下。此桥造型优美壮观，设计简易大胆，因地制宜，就地取材，充分利用了我国西南地区盛产竹子的有利条件，显示了我国古代劳动人民的智慧和才能，为世界桥梁建设技术做出了贡献。该桥竹索于1974年已全部由钢缆替代。

图4-4【程阳桥】又名永济桥，因坐落在广西三江侗族自治县城北20千米的程阳村而得名。它横跨在林溪河上，因这种桥能避风雨，因此又名风雨桥。桥长77.76米，跨度64.4米，桥宽3.4米，高11.52米。它是一座2台3墩四孔的伸臂木梁桥，桥墩由大青石砌成，用成排的杉原木作桥身，上面建有瓦顶的长廊和五座四层重檐的桥亭，中间三座桥亭为塔形，桥头的两座为殿形。通道两侧有栏杆、长凳，供来往行人观赏、休息，村民集会时用。全部建筑无一根铁钉，只凭借木料的榫卯相接，纵横交错，结构严谨坚牢，具有侗族的建筑风格。1965年10月，郭沫若写诗赞道："艳说林溪风雨桥，桥长廿丈四寻高。重瓴联阁怡神巧，列砥横流入望遥。竹木一身坚胜铁，茶林万载苗新苗。何时得上三江道，学把犁锄事体劳。"据三江县文管会资料介绍，该桥是1912年由程阳乡所属八个寨子的人民捐工、献料、集资筹建，于1924年建成。

革命圣地（第三版）

发行日期：1971.9.25（1～3、6、8～11图）；1972.3.25（4、5图）；
1972.12020（7图）；

11-1　11-2　11-3
11-4　11-5　11-6　11-7
11-8　11-9　11-10　11-11

（普14）

11-1中共一大会址	1分
11-2广州农运讲习所	2分
11-3古田会议会址	3分
11-4延安枣园	4分

11-5天安门	8分
11-6井冈山茨坪	10分
11-7延安	20分
11-8韶山	22分
11-9遵义会议会址	35分
11-10井冈山主峰	43分
11-11人民大会堂	52分

邮票规格：（1图）26 mm×31 mm；（2～11图）31 mm×26 mm

齿孔度数：11.5度

整张枚数：（1～7、9、11图）100枚；（8、10图）80枚

版　　别：（1～7、9、11图）影写版；（8、10图）影雕版

设计者：杨白子、张克让、李大玮、许彦博

印刷厂：北京邮票厂

全套面值：2.00元

延安枣园

革命圣地（第四版）

发行日期：1974.4.1（1、2、7图）；1975.11.12（3～6、8～14图）

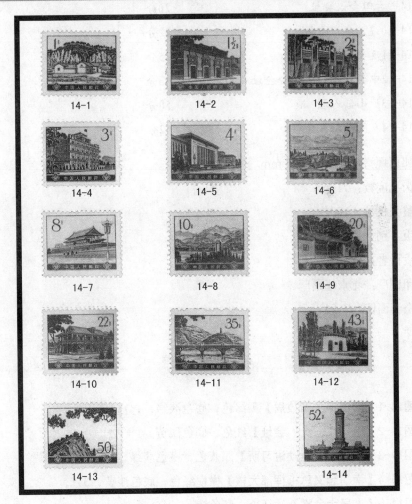

14-1

14-2

14-3

14-4

14-5

14-6

14-7

14-8

14-9

14-10

14-11

14-12

14-13

14-14

认识邮票中的建筑艺术

（普16）

14-1 韶山毛主席故居   1分

14-2 中共 "一大" 会址 $1\frac{1}{2}$分

14-3 广州农民运动讲习所   2分

14-4 南昌起义总指挥部大楼   3分

14-5 人民大会堂   4分

14-6 文家市   5分

14-7 天安门   8分

14-8 井冈山茨坪   10分

14-9 古田会议会址   20分

14-10 遵义会议会址   22分

14-11 延安   35分

14-12 中共七届二中全会会址（西柏坡）   43分

14-13 庐山仙人洞   50分

14-14 人民英雄纪念碑   52分

邮票规格：31 mm × 25 mm

齿孔度数：11度

整张枚数：100枚

版　　别：胶版

设计者：孙传哲

印刷厂：北京邮票厂

全套面值：2.56$\frac{1}{2}$元

邮票解析

图14-1【韶山毛主席故居】墨绿色，底色淡绿，1分。

图14-2【中共 "一大" 会址】红色，底色淡黄，$1\frac{1}{2}$分。

图14-3【广州农民运动讲习所】深蓝色，底色淡绿，2分。

图14-4【南昌起义总指挥部大楼】橄榄绿色，底色淡黄，3分。

图14-5【人民大会堂】橘红色，底色淡黄，4分。

图14-6【文家市】棕色，底色淡黄，5分。1927年9月9日，毛泽东领导的秋收起义由于强敌反扑，起义军在战斗中相继受挫。同月19日，部队在湖南省浏阳市文家市集中。当晚，毛泽东在这里主持前委会议，决定放弃原定攻打长沙的计划，而到敌人统治薄弱的湘赣边界农村上发展革命力量。经过"三湾改编"后，起义军上了井冈山，开始创建第一个农村革命根据地。

图14-7【天安门】暗紫色，底色淡紫，8分。

图14-8【井冈山茨坪】蓝色，底包淡紫，10分。

图14-9【古田会议会址】紫红色，底色淡红，20分。

图14-10【遵义会议会址】紫色，底色淡黄，22分。

图14-11【延安】紫棕色，底色淡黄，35分。

图14-12【中共七届二中全会会址（西柏坡）】红棕色，底色淡棕，43分。西柏坡村位于河北省平山县境内。1948年5月至1949年3月，为中共中央所在地。为了迎接新中国的成立，1949年3月5日至13日，党的七届二中全会在这里召开，确定了党的工作重心由乡村转移到城市的方针政策。现在西柏坡建有革命纪念馆。

图14-13【庐山仙人洞】靛蓝色，底色淡红，50分（参见：文7《七绝·庐山仙人洞》）。把庐山这一著名风景区列为革命圣地，与"十年动乱"中江青所处地位有关。江青拍摄过一幅名为"庐山仙人洞"的照片，毛泽东又为之赋词一首，江青所摄的其实并非庐山仙人洞，而是附近的锦绣峰和御碑亭。粉碎"四人帮"后，邮电部于1976年10月发出通告，此枚邮票停止发售。

图14-14【人民英雄纪念碑】深棕色，底色橙黄，52分。

北京建筑

发行日期：1974.12.1

2-1

2-2

（普17）

2-1首都体育馆　　　　　　　　　　4分

2-2北京饭店　　　　　　　　　　　8分

邮票规格：23.5 mm × 16.5 mm

齿孔度数：11度

整张枚数：150枚

版　　别：影写版

设计者：孙传哲

印刷厂：北京邮票厂

全套面值：0.12元

这套普通邮票票幅较小。又分为有胶、无胶两种。

　　图2-1【首都体育馆】绿色，4分。该馆坐落在北京海淀区白石桥路东侧，1968年3月建成。建筑面积4 000平方米，长122米，宽107米，高28.5米，由比赛大厅和3个练习馆组成，有18 000个座位，为我国大型体育比赛场馆之一。

　　图2-2【北京饭店】蓝色，8分。该饭店坐落在北京王府井大街南口，由东、中、西3幢楼组成。中楼建于1917年，西楼建于1954年，东楼建于1974年。邮票图案为东楼外景，高21层，地下3层，地上18层，建筑面积16万平方米，共有客房900套，床位1 800个，是当时北京最高级的大饭店。

北京饭店

公路拱桥

发行日期：1978.11.1

5-1   5-2   5-3

5-4   5-5

(T31)

（T31 小型张）

5-1川西三号桥（钢拱桥）　　　8分　　　2 000万枚

5-2无锡新虹桥　　　　　　　　8分　　　2 000万枚

5-3丰都九溪沟桥　　　　　　　8分　　　2 000万枚

5-4川西六号桥（箱型拱桥）　　8分　　　2 000万枚

5-5三门上叶桥　　　　　　　　60分　　　250万枚

小型张　长沙湘江大桥　　　　　2元　　　15万枚

邮票规格：30 mm×40 mm

小型张规格：146 mm×70 mm，其中邮票尺寸：90 mm×40 mm

齿孔度数：11.5×11度

整张枚数：50枚

版　　别：影写版

设计者：卢天骄

印刷厂：北京邮票厂

全套面值：0.92元

小型张面值：2.00元

认识邮票中的建筑艺术

图5-1【川西三号桥（钢拱桥）】又名密地大桥。跨径181米，为我国最大的钢结构拱桥。于1967年1月开工，1969年5月1日建成。全桥总长298.88米。桥面宽12米，设6米行车道及0.75米和一米的人行道。并有四根管道，为选矿厂尾矿管过江使用。桁梁材料为锰钢板。

图5-2【无锡新虹桥】为一座跨径80米的单波双曲拱桥，于1973年建成。其拱波材料为钢丝网水泥薄壳，结构美观轻巧。

图5-3【丰都九溪沟桥】石拱。单孔跨径116米，为我国目前最大跨径的石拱桥，于1972年建成。其拱圈为变截面悬链线型，厚度由拱脚处的21.15米渐变到1/4跨处的16米。拱圈材料是用小石子混凝土砌成的块石和片石。

图5-4【川西六号桥（箱型拱桥）】又名新庄大桥。主孔为146米钢筋混凝土箱型薄壁无铰拱。于1970年10月动工，1972年底建成。桥长329.27米，桥面宽15.05米，设行车道10.50米，两侧人行道路均为2.25米，该桥横跨水深流急的金沙江，桥高出水面以上60多米。

图5-5【三门上叶桥】位于浙江省三门市，为二孔跨径45米的钢筋混凝土桁架拱桥，于1972年建成。其基础为钻孔桩，造型敦实憨厚，很有特色。

小型张【长沙湘江大桥】湘江为湖南省最大河流，源出广西壮族自治区灵川县东海洋山西麓。流贯湖南省东部，经衡阳、湘潭、长沙等地到湘阴县芦林潭入洞庭湖。长817千米，流域面积9.25平方千米。长沙湘江大桥造型呈T字形，分主桥和支桥两部分。主桥横跨橘子洲直达岳麓山。在主桥跨越橘子洲的桥台上，垂直于主桥向南分出一座支桥，直抵橘子洲头。正桥长1 250米，桥面宽20米，设行车道宽14米，两侧人行道各宽三米；支桥长282米，桥面宽八米，行车道宽六米。该桥于1971年9月动工，1972年国庆节前夕建成。这座桥的建成加强了湘江东西两岸的交流，使长沙城和橘子洲及岳麓山紧密相连，方便了彼此的交通。小型张画面，即为飞架在湘江两岸的17孔钢筋水泥双曲拱桥，其简洁的构造及独特的形状，使大桥气派不凡。

苏州园林—留园

发行日期：1980.10.25

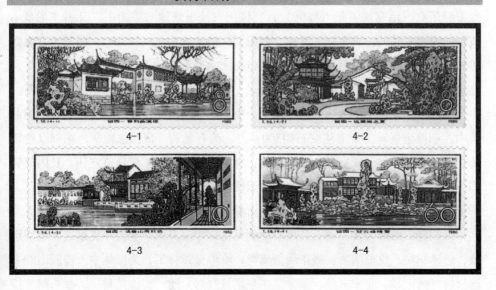

4-1

4-2

4-3

4-4

（T56）

4-1春到曲溪楼	8分	1 200万枚
4-2远翠阁之夏	8分	1 200万枚
4-3涵碧山房秋色	10分	400万枚
4-4冠云峰晴雪	60分	100万枚

邮票规格：62 mm×26 mm

齿孔度数：11.5度

整张枚数：40枚

版　别：影写版
设计者：孙传哲
印刷厂：北京邮票厂
全套面值：0.86元

知识百花园

　　苏州留园位于阊门外。始建于明朝中叶（约1460），名为东园，为当时官宦徐泰时所有。清嘉庆五年（1800），在该园旧址上修建寒碧山庄，又名"花步小筑"，因园主姓刘，名蓉峰，又称"刘园"。清光绪初年（1880），园归大官僚盛旭人所有。他以为此园虽在苏州城外，但历次兵燹都幸免于难，园中林木建筑都留存下来，又因"刘""留"同音，故改名"留园"。留园占地50多亩，分东、西、中、北四个部分。中部以水为胜，池居中央，四周环以假山和亭台楼阁，长廊旋曲其中，廊壁上嵌有历代书法家石刻300多方，为有名的"留园法帖"。东部以建筑为主，楼阁廊屋富丽堂皇，如五峰仙馆、林泉耆硕之馆，不仅建筑宏伟，且内部装饰、陈设等颇为古朴精美。有著名的冠云峰、瑞云峰、岫云峰号称"留园三峰"。所谓"峰"，即指园林中的假山，均为太湖石所叠砌。太湖石以产于太湖区域而得名，以洞庭山所产为优。该石经风浪冲刷风化，年深月久，变得玲珑剔透、造型别致、色泽润和、纹理清晰，线条曲折离奇，恰似鬼斧神工，为园林中人造假山的主选材料。据记载，北宋末年，宋徽宗在东京（开封）建"寿山民岳"，命朱勔主持"苏杭应奉局"，凡合适的太湖石、花木等，均可直接征用，经运河集中运往东京，号为"花石纲"。民间的珍玩异石被搜刮一空，一时太湖石身价百倍，成为权贵们争相寻觅的宝物。文人雅士及达官显贵在选择太湖石时有四条标准，即：皱，就是石面要曲折而多皱，有苍老古朴的感觉；漏，就是要布满坑坑注注，有历尽沧桑的韵味；透，就是要有对穿的孔洞，有八面玲珑的神威；瘦，就是石型要挺拔露骨，有苗条婀娜的风姿。达到这四条，即为太湖石之珍品，这四条标准从而也逐渐成为石匠采石、商贾贩卖、世人欣赏其价值高低的依据。现在，苏州留园的"冠云峰"，杭州西湖的"皱云峰"、上海豫园的"玉玲珑"、南京瞻园的"仙人峰"，并称为四大珍贵太湖石，都是宋代"花石纲"的遗物。留园北部有小竹林和桃树、杏树，"又一村"为紫藤缠绕，葡萄满园，颇有田园风味。西部则突出山区自然景色，山上一片枫树，山左云墙起伏。北面桃园称"小桃坞"，山前小溪潺潺，两旁桃柳轻拂，并有假山分布，土石相间，堆砌自然。整个园林结构严密、布局合理、层次清晰，把建筑、山水、园艺、书法、绘画、雕刻等多种艺术融为一体，在有限的空间里创造出无穷的意境，堪称清代私家园林之典型。

这套"苏州园林——留园"特种邮票，设计者抓住了园林建筑这个主题，采用中国工笔画勾线的技巧，用细细的线把每个窗棂、每个瓦片都清清楚楚地画出来，淋漓尽致地表现出园林四季小巧、精致的特点。

邮票解析

图4-1【春到曲溪楼】邮票画面上为浅粉花团簇拥着的曲溪楼，以示留园春天景色。

楼上有文徵明书"曲溪"二字，嵌在门墙上。有两棵苍老古树，但已萌发新芽。在曲桥东部和曲溪之间的池塘中不植荷花，一池碧水，清凉明净，楼台倒影，极为幽雅。

图4-2【远翠阁之夏】邮票画面上为绿叶青枝掩映中的远翠阁，在留园可亭后面的假山下，有长廊环绕。前有石砌花坛，雕刻生动，为明代遗物。

图4-3【涵碧山房秋色】邮票画面上为红叶黄叶怀抱里的涵碧山房，以示留园秋光笼罩。山房位于留园明瑟楼西部，前有平台，面临荷花池；后有小院，中砌牡丹坛，俊秀、精巧。

图4-4【冠云峰晴雪】邮票画面上为白雪覆盖下的冠云峰，峰高6.7米，是苏州各园湖石中最高的。峰前凿小池植睡莲，用的是水衬石的传统手法。峰左、峰右分别有冠云台、伫云庵作辅翼。岫云峰和瑞云峰则退居两侧，成掎角之势。峰后有冠云楼为背景，楼上匾额横题"仙苑停云"四字，登楼可北望虎丘。为不使石峰孤立，又在东侧建六角冠云亭陪衬。整个庭园以冠云峰为中心，围以建筑、花木、水池、构成了一个幽雅的环境。

北京长话大楼

发行日期：1981.6.5

（普19）

1北京长话大楼　　　8分

邮票规格：30 mm×40 mm

齿孔度数：11.5×11度

整张枚数：50枚

版　别：雕刻版

设计者：许彦博

印刷厂：北京邮票厂

全套面值：0.08元

这套邮票有刷胶和未刷胶两种。

【北京长话大楼】北京长活大楼是我国国内国际长途电话通信中心，于1975年建成。占地面积38 680平方米，建筑面积24 660平方米，塔楼四层，下面主体建筑八层，通高100米，是当时北京市的高层建筑之一。全部电信设备均为国产，代表了我国邮电通信事业的发展水平。

北京长话大楼

认识邮票中的建筑艺术

苏州园林—拙政园

发行日期：1984.6.30

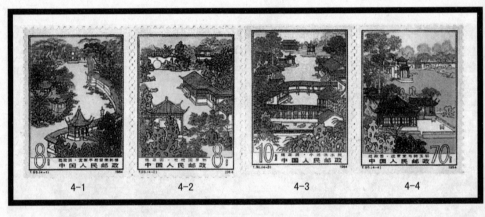

（T96）

4-1宜雨亭前望倒影楼	8分	1 264.76万枚
4-2枇杷园景物	8分	1 332.76万枚
4-3小沧浪水院	10分	770.76万枚
4-4远香堂与倚玉轩	70分	780.26万枚

邮票规格：30 mm×40 mm

齿孔度数：11.5×11度

整张枚数：50枚

版　别：影雕版

设计者：孙传哲

雕刻者：高品璋、孙鸿年、赵顺义、呼振源

印刷厂：北京邮票厂

全套面值：0.96元

知识百花园

拙政园位于江苏省苏州市娄门内，是苏州面积最大的园林，向有"苏州园林之冠"的称誉。初为唐代诗人陆龟蒙的故宅。元代为大宏寺。明嘉靖年间，御史王献臣回归乡里，买下此寺，改建成园，并借用晋代潘岳《闲居赋》中："灌园鬻蔬，以供朝夕之膳……此亦拙者之为政也"的语意，取"拙政"二字为园名。后几次易主，迭经兴废。太平天国运动中，曾在忠王李秀成府第范围之内，相传园内的见山楼就是当年忠王办公之所。拙政园规模较大，连同明末的归田园（现东园）和清末的补园（现西园）以及北墙外部分土地，共占地约28亩，呈东西宽而南北较窄的格局。拙政园有31景，全园以水为主，水面积约占3/5，建筑群多临水而立。亭台楼阁，假山园林，疏朗错落，布置得宜。所有建筑，式样各异，风格独特，无一雷同。全园可分东、中、西三个部分。东园是明代侍郎王心一的"归田园居"旧址，有后来重建的兰雪堂、芙蓉榭、天泉亭、秫香馆等建筑。中园以远香堂为主体，面临大荷花池，四周山石林木环绕，景物空阔。还有小飞虹、小沧浪、得真亭、听松风处等景观，重廊复阁，小巧精致。西园原为清末张氏的补园，以36鸳鸯馆和背后的18曼陀罗花馆合成，台馆分峙，山水相映，又别有一番风韵。拙政园作为闻名中外的古典园林，其造园艺术的最大特点是利用自然景物，吸收传统绘画艺术，因地造景，分割对比，使人感到繁简有序，景随步移，因而久有"不出郭廓，旷若郊墅；虽为人作，宛自天开"之美誉。

这套"苏州园林——拙政园"特种邮票，设计者运用鸟瞰式画法，描绘了园中的四处典型景点。

邮票解析

图4-1【宜雨亭前望倒影楼】为西园景色。邮票画面近处的一座飞檐六角亭，即为宜雨亭，登临既可遥望西园山水，又可环视近处景色，故此得名。中间曲廊原

为中、西两园之分界线，廊内地面起伏升降，漫步其上，亦别有趣味。远处那座双层楼阁，上层叫"倒影楼"，是取自楼影倒映水中之意。下层名为"拜文揖沈之斋"，文指文徵明，为书法名家。沈指沈周，书画均佳。两位名士都是苏州人，故在此名园占据一席之地，为故乡增辉添色。画面曲廊迥绕，亭楼相望，天光水色，交相掩映，极显西园之胜。

图4-2【枇杷园景物】为中园景色。位于远香堂东南面。园中多种枇杷树，花开时节甜香满园，果熟时候红果累累，极富天然情趣。院落中尚有玲珑馆，小巧别致，相映生辉。从这里南望，即可见邮票画面左下角那个四角亭，名"嘉实亭"，大概是为了赞颂枇杷果实而命名的吧。北望则为雪香云蔚亭，亦可能是称许枇杷花开香飘天外之意。其中景致均有独到之处。

图4-3【小沧浪水院】为中园景色。位于远香堂西北面。全园以水池为中心，环池建筑简雅朴素，邮票画面右上方，为"荷风四面"亭，置于莲池碧波之中。仲夏时节，熏风拂过送来阵阵荷香，沁人心脾，令人陶醉，自有无穷乐趣。上方左侧之楼阁，即为见山楼，其三面环水，两侧尚有假山相陪。登上此楼二层，即可望见苏州西郊的群山，此也是造园借景之法的体现。

图4-4【远香堂与倚玉轩】为中园景色。为中园南部主要建筑。邮票画面左下方即为此景。它的堂屋是一约40平方米的平房，具有淡雅柔和、工整明快、简洁利落之特点。屋面为黄爪夔屋脊，横卧于两侧，用传统的小瓦覆盖，配以花边滴水，古色古香。堂内无柱子，视线开阔，透窗望去，园中诸景历历在目，所以又称"四面厅"。"远香堂"之匾额为明代大书法家文徵明的手笔。"远香"二字取自宋代周敦颐之《爱莲说》中"香远益清"之句。夏日，堂前荷池，碧绿青翠，清香阵阵；堂后假山，藤萝蔓挂，垂柳依依。整个景观使人"不出城郭而共获山林之怡"。邮票画面左上方的建筑，即为俗称"旱船"的香洲，与远香堂互相呼应，是分割造景的实证。

民居

发行日期：1986.4.1-1986.12.25

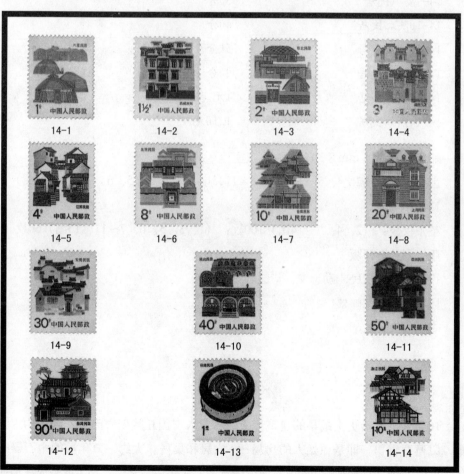

14-1　　　　　14-2　　　　　14-3　　　　　14-4

14-5　　　　　14-6　　　　　14-7　　　　　14-8

14-9　　　　　14-10　　　　　14-11

14-12　　　　　14-13　　　　　14-14

（普23）

认识邮票中的建筑艺术

61

14-1 内蒙古民居	1分
14-2 西藏民居	$1^1/_2$分
14-3 东北民居	2分
14-4 湖南民居	3分
14-5 江苏民居	4分
14-6 北京民居	8分
14-7 云南民居	10分
14-8 上海民居	20分
14-9 安徽民居	30分
14-10 陕北民居	40分
14-11 四川民居	50分
14-12 台湾民居	90分
14-13 福建民居	1元
14-14 浙江民居	1.10元

邮票规格：25 mm × 30 mm

齿孔度数：（2、4、7~14图）11×11.5度；（1、3、5、6、7~11、13图）13×13.5度

整张枚数：（2、4、7~14图）100枚；（1、3、5、6、7~11、13图）60枚

版　别：影写版

设计者：陈汉民、励忠发、华健心

印刷厂：北京邮票厂

全套面值：$4.69^1/_2$元

知识百花园

民用住宅是历史上最早的建筑形式。古代人"因丘陵掘穴而处"和"构木为巢，以避群害"，即是原始人的房屋——穴居和巢居。大约一万年前的中石器时代，出现了南方的干阑式和北方黄河流域半地穴式房屋。干阑式房屋就是先在地面上用木柱做桩，构成一个底架，然后在底架上铺设木板，再在木板上用竹木、茅草

等建造房屋，上层住人，下层养家畜。这种建筑在南方分布极广，且延续时间很长，尤其是西南少数民族地区，至今还在使用这种建筑形式，如侗族木楼、傣族竹楼、拉祜族的掌楼等，均为这种房屋形式的发展。半地穴式房屋有方形和圆形两种，其结构和建造方式，是从地面向下挖成深数十厘米的浅穴，并以坑壁作墙基或墙壁，树立起成排的木柱作为支撑墙壁和屋顶的骨架，木柱上面再架上横梁和椽子，铺上茅草、秫秸或涂上厚厚的草泥，形成人字形或斜坡状屋顶，并有台阶供进出。这两类最原始的房屋，在浙江余姚河姆渡遗址和陕西西安半坡遗址中均有发现。

为了反映我国各地不同的民居建筑形式，邮电部发行了民居系列普通邮票。这套邮票为第一组，由十四种传统民用住宅形式组成。

邮票解析

图14-1【内蒙古民居】1986年5月15日发行。我国蒙古族大部分居住在草原地区，以游牧为生。为了适应这种流动的生活方式，使用的是可随时拆迁搭盖的毡包，俗称"蒙古包"。毡包的直径一般在4~6米左右，高两米。它以木条为骨架，外覆羊毛毡，顶部装圆形天窗，供通风和采光用。随着现代人工草场的发展，蒙古族的民居出现了能够适应半定居生活方式的砖房和土坯房。

图14-2【西藏民居】1986年7月1日发行。西藏地处高原，缺乏建筑材料，藏族人民大多居住在石质结构建筑中，居所多为楼房，其外围石墙，内部为密梁木楼层。一般为二至三层，平顶，窗口大，便于采光。门窗和屋顶常建有小的挑檐并涂饰红、白、蓝等颜色，窗洞周围涂成黑色。邮票主图即为这种石楼住宅，俗称藏族碉房。其底层是饲养牲畜及贮藏草料的地方，二层住人，三层有晒台，用来晾晒谷物。

图14-3【东北民居】1986年4月1日发行。邮票主图为我国东北地区常见的两种住宅。上座为四面坡草顶的朝鲜族民居，室内铺设地板，人进屋要脱鞋，席地而坐。住宅一般没有院落，房屋直接面临菜园或道路。下座为我国东北地区的主要民居，一般是三间住房，中间是厅堂，也做厨房，两侧筑有烧柴的火灶，也叫"锅台"。左右两间是居室，内筑有以砖或土坯为材料的火炕。做饭时，灶里的烟气通过炕洞，再从烟囱中冒出，充分利用烟气热量，达到取暖作用，适于北方寒冷的气

候条件。

图14-4【湖南民居】1986年12月25日发行。湖南夏季炎热多雨，为保证室内空气流通，房屋构造较高，建筑平面多为前后两个一明两暗的三间房屋组成。中为院落，植以花木。房屋空间高敞，设有阁楼，青瓦粉墙，墙内设有风火道。背山面水，环境幽雅。特别是其山墙的瓦檐随地势此起彼伏，是湖南民居的一大特色。

图14-5【江苏民居】1986年10月15日发行。江南地区河网密布，房屋一般沿河而建，屋檐较宽。院子围以高墙，成封闭状，以减少太阳的照射，使居所较为凉爽。房屋前后以及院墙上都开窗，以利通风散热。江苏民居的另一特点，是房与房之间架设天桥。这种结构，便于居住者通行。人们可从前门走进街巷；又可经过天桥，从后门踏上小船或漂洗衣物。

图14-6【北京民居】1986年6月15日发行。四合院是北京民居的特征。它的布局大体上是按照南北纵轴线对称布置房屋和院落，由房屋和围墙形成一个封闭式院落。院北是正房，东西两边是厢房，周围用长廊连接，形成全宅的间架结构。另外，在正房的两侧附以耳房和跨院，以作厨房、厕所等用。院内植以少许花草树木，给人一种宽松协调、宁静舒适的感觉。

图14-7【云南民居】1986年8月1日发行。云南气候炎热，潮湿多雨。为了通风采光和防盗防兽的需要，居民采用下部架空的干阑式住宅形式。《旧唐书·有蛮传》记载："山有青草及虺蝮蛇。人并楼居，登梯而上，号为干阑。"邮票主图为云南傣家竹楼。这种竹楼底层架空，有密集的竹柱支撑着楼板和屋顶。楼上内部用竹编墙分隔成卧室和活动室，四周有走廊和晒台。底层存放杂物或围养牲畜，有的可作厨房。云南山清水秀，一座座竹楼点缀其中，十分优美悦目。

图14-8【上海民居】1986年9月10日发行。上海是随着中国近代工商业发展而兴起的大城市，人口密集，市场繁荣，寸土如金。为适应这种特点，上海出现了"石库门"住宅。其特征是独家独院，所占面积不大，内有小天井用来通风、采光，房屋二至三层，底层有厨房和起居室，楼上是卧室，顶层有小间的阁楼和晒台。这种民居小巧玲珑，典雅精致，有其独特的近代建筑风格。

图14-9【安徽民居】1986年5月15日发行。安徽夏季炎热多雨，为避免燠热烦闷，其传统住宅多为二层楼房。其平面布局又多以三合院或四合院为主。由于住宅密

集，院落鳞次栉比，为预防火灾殃及之祸，房屋两端山墙都砌筑得高出屋顶，以起隔火作用。称为"封火墙"。远远望去，层楼叠院，此伏彼起，颇为雅致。

图14-10【陕北民居】1986年11月15日发行。地处西北地区黄土高原的陕、甘等省，由于雨量少，木材缺乏，黄土层又非常深厚，因此，人们便在黄土层里掏挖成各种窑洞居住。窑洞顶部呈圆拱形，洞口用砖砌成半圆，上部设窗，下部装门。窑洞也可用砖石砌筑，或砖石窑洞与黄土窑洞结合，建成两层。由于黄土具有较好的隔热作用，洞内冬暖夏凉。黄土又具有很强的黏性，在不受外力破坏的情况下，一般可使用十几年到几十年之久。

图14-11【四川民居】1986年9月10日发行。四川多山地丘陵，气候炎热多雨，阴雾潮湿。其住宅的特点多灵活自由，经济便利，敞开外露，多外廊，深出檐，窗口开孔大，空间丰富多变，给人以舒适轻巧的感觉。邮票主图为这种十分敞亮的房屋造型。

图14-12【台湾民居】1986年4月15日发行。在台湾地区和福建沿海一带，住宅多是独家独院，自成一体。院内建有较高较宽敞的大厅和十分秀气的居室，房与房之间以回廊互相串通，既能避雨，又能防日晒。其平面布局多为三合院或四合院。屋脊、屋角向上翘起，饰有花纹并涂以色彩。

图14-13【福建民居】1986年10月15日发行。福建位于我国东南沿海，在它的西部，居住着古代从北方迁移来的居民，称为"客家"。长期以来，客家聚族而居，因而形成庞大的群体住宅。邮票主图为圆形的"承启楼"。一般多为砖楼或土楼，其中最大的土楼直径达70多米，用三层环形房屋构成，房舍可达300多间，外环房屋多为三层或四层，底层一般作厨房或杂物间，二层存储粮食，三层以上住人。里边两环房屋一般只有一层，中央建过堂，供族人议事或举行婚丧典礼及其他活动之用。这种群体住宅产生的原因，除了防御的目的之外，还与减少阳光灼射及台风威胁有关。其外墙厚可达1米以上，且底层一般不开外窗，坚实雄伟，如同一座堡垒。

图14-14【浙江民居】1986年4月15日发行。浙江境内丘陵起伏，炎热多雨。住宅多随地势而建。从外形看，细长的木柱露在外面，墙壁用木板围成，窗洞上装饰着花格。从远处看，房屋形体变化丰富，层层屋檐交叉错落，不仅便于通风遮雨，而且具有一种独特的审美效果。邮票主图即为这种面街背河，附有店铺的民用住宅，极有特色。

中国历代名楼

发行日期：1987.10.30

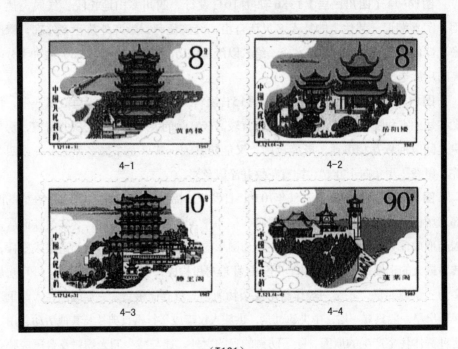

（T121）

4-1黄鹤楼	8分	1 734.15万枚
4-2岳阳楼	8分	1 693.65万枚
4-3滕王阁	10分	929.40万枚
4-4蓬莱阁	90分	652.40万枚
小全张　中国历代名楼	1.16元	364.10万枚

（T121 小型张）

邮票规格：40 mm×27 mm

小全张规格：130 mm×93 mm，其中邮票尺寸：40 mm×27 mm

齿孔度数：11度

整张枚数：50枚

版　别：影写版

设计者：周令钊

印刷厂：北京邮票厂

全套面值：1.16元

小全张面值：1.16元

知识百花园

楼阁是园林内的高层建筑，是登高望远之处，"欲穷千里目，更上一层楼"，唐代诗人王之涣的名句说出了其中的哲理。《说文》中云："楼，重屋也。"而阁，则是由以树干为栏的木阁楼演变而来的。楼与阁在建筑形制上不易明确区分，人们习惯把"楼阁"二字连用。

在我国古代建筑史上，各式楼阁遍布中华大地，成为中国历史文化的重要内容。这套"中国古代名楼"特种邮票，选取素称江南三大名楼的武昌黄鹤楼、湖南岳阳楼、南昌滕王阁及山东蓬莱仙境中的蓬莱阁为主图，一展我国古代楼阁建筑风采。

邮票解析

图4-1【黄鹤楼】位于武昌黄鹄矶（即蛇山）之巅，长江之南。相传始建于三国吴黄武二年（223）。关于黄鹤楼名字的来历，《南齐书》上说是仙人子安乘黄鹤过此，因而得名；《寰宇记》则说是费祎成仙后驾鹤在此休息，故名。明清时，又有吕洞宾登此楼升仙的传说。还有一种说法：有一姓辛的人在山头卖酒。一天，一道士来此饮酒，辛氏不收其酒资。作为酬谢，道士用橘皮在墙上画了一只鹤。以后，只要酒客一拍手，鹤便从墙上飞下起舞，以助酒兴，辛氏由此发了大财。十年后，道士复来，吹笛乘鹤而去。辛氏为纪念这个道士，便建了此楼，人称"黄鹤楼"。比较可信的说法是，古代"鹄""鹤"二字相通，黄鹄矶又名黄鹤山，黄鹤楼因此山而得名。黄鹤楼屡毁屡建，式样和风格均有变迁。最后一次毁于清光绪十年（1884）。1983年重建的黄鹤楼，高49米，为一正方形五层攒尖顶仿木建筑。游人登楼远眺，可领受到"爽气西来，云雾扫开天地憾；大江东去，波涛洗净古今愁"的壮阔意境。

图4-2【岳阳楼】为岳阳市西门城楼。其前身据说是三国时鲁肃训练水师的阅兵台。唐开元四年（716），中书令张说谪守岳州在阅兵台旧址上建起了岳阳楼。现在的岳阳楼是清同治六年（1867）重建的，为宋代风格，三檐三层盔顶纯木结构，高19.72米，古朴稳重，雕饰精美，楼内悬挂着历代诗词书法珍品。李白的"楼观岳阳尽，川回洞庭开"，杜甫的"昔闻洞庭水，今上岳阳楼。吴楚东南坼，乾坤日夜浮"，写出了岳阳楼的气势。宋代范仲淹的《岳阳楼记》更被誉为千古雄文。据说范公写此文时并未去过岳阳楼，当时的岳州知府滕子京重修岳阳楼后，写信请范仲淹作记，并送去一幅《洞庭秋晚图》供他参考。范仲淹在文中借岳阳楼的胜景，抒发了自身的感慨和情怀。"先天下之忧而忧，后天下之乐而乐"已成为历代格言。由于范仲淹少年时在洞庭湖畔生活过，故能写出"衔远山，吞长江，浩浩

荡荡，横无际涯"的神来之笔。

图4-3【滕王阁】遗址在南昌市沿江路赣江边，为唐太宗李世民之弟李元婴（封为滕王）都督洪州时（659）所建。唐上元二年（675），洪州都督阎伯玙在重修后的滕王阁上大宴宾客，唐代诗人王勃也在座。阎事先让女婿吴子章写好阁序，以便在众人面前夸耀。席间，阎假意让诸客为阁作序，众皆辞谢。唯王勃不知情，欣然命笔。阎十分愠怒。但当他看到王勃写出"落霞与孤鹜齐飞，秋水共长天一色"二句时，也不得不叹其为奇才。以后，又有王绪写的《滕王阁赋》，王仲舒写的《滕王阁记》，史称"三王记滕王阁"。韩愈任袁州（今江西宜春）刺史时，在《新修滕王阁记》中写道"愈少时，则闻江南多临观之美，而滕王阁独为第一，有瑰伟绝特之称；及得三王所为序、赋、记等，壮其文辞，益欲一观而读之。"据统计，滕王阁毁建、重修达26次。1926年秋，北洋军阀惧怕北伐军据阁攻占南昌城，便放火烧掉了滕王阁。现在，新建的滕王，为三层仿唐宋建筑，高25米，游人登临，可一睹"日月四时黄道阔，江山一片图画长"的胜景。

图4-4【蓬莱阁】耸立于山东蓬莱丹崖山的绝壁之上，面向渤海。为宋嘉祐年间（1060年左右）郡守朱处约所建。现存建筑是清嘉庆二十四年（1819）重修的。主阁为双层木结构建筑，阁底层环有16根大红楹柱，上层绕以一圈精巧的明廊。周围层叠错落地簇拥着五组自成体系的古建筑。清代小说《老残游记》中写道："这阁造得画栋飞云，珠帘卷雨，十分壮丽。南面看城中人户，烟雨万家；东面看海上波涛，峥嵘千里。"蓬莱阁在中国楼阁中最富神话色彩。传说秦始皇为求长生不老之药，与方士出行寻求。一日，行至丹崖山上，看见烟波浩渺，便问是什么地方。方士一时答不上，因见水中有海草植物，便随口说。这里是蓬莱（蓬为植物的叶，莱为茎）。恰巧，秦始皇又看见海上出现了一座巍峨的宫殿，遂以为已临仙境。蓬莱由此得名。如今蓬莱阁的梁柱上，还绘有八仙各施法宝，渡过渤海的图画。历代登临蓬莱阁的名人名士，均以能观赏到这里时常出现的"海市蜃楼"为幸事。苏东坡在北宋元丰八年五十岁时，由黄州调到登州（即蓬莱）任知府，曾两次登临此阁，可惜都没有看到，如今在蓬莱阁卧碑亭内所刻的苏轼《海市诗》，那仅是他想象的结果。但他却为了民众疾苦，接连向朝廷上《乞罢榷盐状》和《登州台还议水军状》两道奏折，为废止食盐专卖，加强登州防卫，避免百姓逃亡做出贡献，后人在此修了"苏公祠"。1964年，董必武登临蓬莱阁，留诗一首："来游此地恰当时，海国秋风暑气吹。没有仙人有仙境，蓬莱阁上好题诗。"

民居

发行日期：1989.3.10（2图）；1989.4.1（1图）

（普25）

2-1青海民居　　　　　1.30元

2-2贵州民居　　　　　1.60元

邮票规格：25 mm × 30 mm

齿孔度数：13×13.5度

整张枚数：60枚

版　别：影写版

设计者：陈汉民、华健心、何洁

印刷厂：北京邮票厂

全套面值：2.90元

国际函件资费于1989年进行调整：国际航空明信片由90分调至130分，国际航空信函由110分调至160分。邮电部仍以民居为主图发行两种普通邮票，以满足需要。此套邮票为"民居"系列第二组。

邮票解析

图2-1【青海民居】青海位于我国西北地区中南部，青藏高原的东北部。深居内陆，山岭环抱，除东南部湟水谷地受海洋性气流润泽外，其余地区均属干燥寒冷、气温剧变的高原大陆性气候。为适应这种特点，青海民宅的式样以矮型封闭为主，门窗严紧，平顶，有良好的保暖性能。由于青海是个多民族聚居的省份，除汉族外，藏族、回族、土族、撒拉族人口也较多，各族在民居样式上也有自己的特点，并融汇了一些宗教建筑的风格。

图2-2【贵州民居】贵州位于我国的西南部，属高原山区，雨量充沛，日照偏少。其住宅最具特色的是镇宁一带的石板屋，这里盛产页岩石料，就地取材，稍做加工，以石板做墙壁，盖屋顶，冬暖夏凉，十分坚固，具有很浓的地方特色。

贵州侗寨鼓楼

民居

发行日期：1990.9.20—11.25

（普26）

3-1广西民居　　　　　15分

3-2宁夏民居　　　　　25分

3-3山西民居　　　　　80分

邮票规格：13 mm×13.5 mm

齿孔度数：12.5×13度

整张枚数：60枚

版　别：影写版

设计者：陈汉民、华健心、何洁

印刷厂：北京邮票厂

全套面值：1.20元

1990年7月31日，国内各种邮件资费进行调整。外埠明信片调到15分，航空平信为25分，邮政快件为80分。原来发行的民居普票中，无此三种面值，为此，邮电部发行"民居"系列第三组，以利于"一信一票"通信使用。

邮票解析

图3-1【广西民居】广西位于华南西部，地处低纬地带，北回归线横贯中部，夏热冬暖，雨量充沛。有十多个民族居住在这里，其中以壮族为主。邮票画面上的住房是桂西、桂北山区一带壮、苗、瑶、侗各少数民族的民居。此类民居一般为二至三层，底层为牲畜间、仓房；二三层为起居活动之用，设火塘间和前后廊，一般农活、家务都可以在宽敞的廊子里进行；三层多为卧室，内墙隔断灵活，空间自由，民居多依山而建，风光秀丽，环境优越。

图3-2【宁夏民居】宁夏位于我国西北部，地处黄河中游地区，为温带大陆性半湿润干旱气候，雨雪稀少，气候干燥，日照充足，风大沙多，因此，其住宅多是墙壁低矮，房顶宽阔，利于抵御风沙侵袭。宁夏回族约占总人口的1/3以上。邮票主图为回族家居院落，围墙开有两扇正门，并有起脊门楼，院内住房黑瓦白墙，极整洁干净，反映了回族居民生活的一大特征。

图3-3【山西民居】迄今保存完好的山西祁县乔家堡村的"乔家大院"，古朴典雅，宏伟壮观，是清代北方民居建筑的一颗明珠，具有山西民房的特色。襄汾县丁村民居，太谷区曹家民居，阳城县润城民居等，都是布局严谨，规模宽敞，在海内享有盛誉的民房建筑。

民居

发行日期：1991.4.25（2图）；1991.6.11（1图）

2-1   2-2

（普27）

2-1山东民居　　　　　2元

2-2江西民居　　　　　5分

邮票规格：25 mm×30 mm

齿孔度数：12.5×13度

整张枚数：60枚

版　别：影写版

设计者：陈汉民、华健心、何洁

印刷厂：北京邮票厂

全套面值：0.07元

1991年初，国际航空信函资费再次调整，由1.60元调至2元。又因为近年发行的通用民居普票中，没有5分面值的，而在许多邮件资费中又需5分邮票进行搭配贴用，因此，邮电部发行这套普票，列为"民居"系列第四组。

邮票解析

图2-1【山东民居】山东平原面积广大，气候具有华北暖湿带湿润和半湿润季风型气候的特点，一年之中，夏热多雨，冬寒干燥，各地差异不大。民居多以起高脊的平屋为主，用砖、土坯为主要建筑材料，垒砌成结实厚重的较高墙壁，并以独门独户为多。但由于城镇人口密集，房屋成片，因此多设防火墙。山东历史悠久，在民居建筑风格上，受到历史文化建筑的影响，显得古色古香、古朴大方，带有齐鲁大地的古风。

图2-2【江西民居】江西地处长江中游南岸，气候温和，雨量充沛，四季分明。其民居多为四合院、浅天井、白壁面、马头墙、两层房，带门楼并多用砖雕装饰，外形轮廓丰富，比例和谐，造型十分优美，具有浓郁的地方特色。邮票主图上的高低错落的民居院落，便是江西民间住房的代表式样。

江西民居

认识邮票中的建筑艺术

75

中国古塔（T）

发行日期：1994.12.15

（1994-21）

（1994-21 小全张）

4-1西安慈恩寺大雁塔　　　20分　　　4 846.8万枚

4-2泉州开元寺镇国塔　　　20分　　　4 961.7万枚

4-3杭州开化寺六和塔　　　50分　　　3 731.7万枚

4-4开封祐国寺塔　　　　　2元　　　3 559.2万枚

小全张　中国古塔　　　　2.90元　　（售价5元）　　　1 673.6万枚

邮票规格：30 mm×40 mm

小全张规格：140 mm×90 mm，其中邮票规格：30 mm×40 mm

齿孔度数：11.5×11度

整张枚数：50枚

版　别：影雕版

设计者：李庆发、姜伟杰

印刷厂：北京邮票厂

全套面值：2.90元

小全张面值：2.90元

知识百花园

　　这是我国继1958年特21"中国古塔建筑艺术"之后发行的第二套古塔邮票。塔由印度传入我国之后，与我国传统的亭、台、楼、阁建筑相结合，产生了第一代楼阁式塔和第二代密檐式塔，元代又出现了复钵式喇嘛塔，形成了具有中国特色的古塔建筑艺术。这次入选的分别坐落于西安、泉州、杭州、开封的四座古塔，均属于典型的楼阁式塔，代表了中国古塔历史最为悠久、体型最为高大、保存数量最多的一种形式，现均为国家一级保护文物。

邮票解析

　　图4-1【西安慈恩寺大雁塔】位于陕西省西安市和平门外雁塔路南端慈恩寺内，离城四千米。寺院始建于隋代，初称元漏寺。唐贞观二十二年（648），高宗李治为太子时，为追念其母文德皇后，改建成大慈恩寺。塔建于唐高宗永徽三年

（652），是为安置玄奘由印度带回的梵文佛经而建的，正式名为慈恩寺塔。该塔共七层，高64米，自第一层开始，逐层向内收缩，形如方锥，坚固异常。塔内设木梯，可逐层上登。且建在高处，望去自有巍峨之感。唐代诗人岑参登塔赋诗："塔势如涌出，孤高耸天宫。登临出世界，磴道盘虚空。"盛赞此塔之雄伟壮观。古时举子们及第之后，都要来此登塔抒怀，所谓"雁塔题名"是一件盛事。现在大雁塔的外壁，是明代加砌的一层砖墙。第一层塔门的门楣上，保存着一块刻石，上面刻画着唐代木构大殿的形状。门侧嵌有唐太宗和唐高宗撰写的石碑，为唐代书法家褚遂良书写，为重要之文物。大雁塔也是我国著名的斜塔之一。

图4-2【泉州开元寺镇国塔】位于福建省泉州市西街开元寺内大雄宝殿东侧。开元寺建于唐垂拱二年（686）。唐玄宗开元二十六年（738）赐名开元寺。该寺屡建屡毁，现存主要庙宇，系明清两代修建。镇国塔和大殿西侧的仁寿塔合称"双塔"，是泉州的标志。"雄州巨港越千年，双塔扶摇接碧天"，即是描写它们的诗句。双塔结构精巧，规模宏伟，东西对峙，相距约200米，是中国石塔中最高的一对。镇国塔始建于唐咸通六年（865），原为木塔，因遭火焚，于南宋时改为石建。现存镇国塔为八角五层楼阁式石塔，高48.24米，用去大石柱和大石梁各40根，大石拱120个，小石拱80个，仿照中国木结构建筑完成。塔身每层转角处，均雕作圆形掎柱，为一般古建筑所罕见。每层的外边都构成围绕的回廊，游人可走出塔外凭栏眺望，这在北方砖石塔中是极少有的。其内部结构也与一般砖塔的盘旋式或穿心式不同，楼梯不砌于塔壁或塔心柱上，而是在塔心柱一侧留出方孔，以安设梯子上下。楼阁式塔刹为金属制作，挺秀高拔。塔顶脊上系八条铁链拉护，塔尖高托铜葫芦，700年不锈。角脊下的悬铃迎风叮当作响。镇国塔之造型与结构忠实地模仿木塔，出檐深远，勾栏环绕，门户洞开，望去宛如木塔，充分显示了我国古代石工高超的技艺。

图4-3【杭州开化寺六和塔】位于浙江省杭州市城南钱塘江边月轮山上。相传古时，钱塘江有恶龙鼓弄潮水泛滥成灾，一个名叫六和的青年抛石镇江战胜恶龙，后人修建此塔，以作纪念。又说战国时苏秦游说六国合纵抗秦，会盟于月轮山，后人建塔取名"六合"。还有传说此塔是由当时的知觉禅师，因钱塘江"卷民庐舍，冲破田亩"而倡议建造，以镇江潮等。其实，六和塔是北宋开宝三年（970）由当时统治江南地区的吴越王钱镠所建，因该地旧有六和寺，故称六和塔。六和塔初建时规模很大，塔峰九层，并装有塔灯，钱塘江上夜航的船舶都以它作为航标。南宋

绍兴年间重修之后，塔身高度已不如从前。明清两代又几次修缮，但塔身内部仍保留了宋代的原貌。现存六和塔，平面呈八角形，外观十三层，内部七层，高59.89米，塔身为砖砌，外檐为木构，内有穿壁螺旋式阶梯，可盘旋上登至顶层。千百年来，文人学士登临赋诗，留下大量名篇佳作。每层均有方形塔室，用斗拱承托天花藻井，塔壁上雕有精致生动的人物花卉、鸟兽虫鱼等图案。塔内南面有绍兴年间敕赐开化寺尚书省牒碑。塔外的木檐回廊宽阔舒展，可从塔内走出，凭栏远眺。

图4-4【开封祐国寺塔】位于河南省开封市东北隅的铁塔公园内，其地为祐国寺旧址。祐国寺的前身是独居寺，建于北齐天保十年（559），祐国寺塔的前身是一座13层的木塔，是为供奉佛舍利而建。宋仁宗庆历四年（1044），木塔遭雷击焚毁。五年之后，即皇祐元年（1049），宋仁宗下诏重建。基址移至上方寺内，因此亦称"上方寺塔"。又因塔的外表全部以褐色琉璃砖瓦镶嵌，远看近似铁色，故俗称"铁塔"。该塔为八角形13层仿木构楼阁式砖塔，高55.08米，塔身的仿木构门窗、柱子、斗拱、额枋、塔檐、平座等砌筑形式，由28种不同标准的砖拼砌而成；构体上有佛像、菩萨、飞天、狮子、麒麟、伎乐、莲花等装饰花纹图案达50多种，还有许多胡人、胡僧的形象，可视作一件用琉璃砖瓦烧制而成的大型艺术品，也是我国现存最早、最大的琉璃塔建筑，素有"天下第一塔"之誉。塔内建有梯道，可盘旋至顶，登临遥望数十里以外的黄河，宛若一条玉带，缓缓东流。近一千年来，它经历多次地震的冲击，却岿然不动。清道光二十一年（1841），黄河泛滥，水灌开封，千年古寺沉于水底，唯铁塔完好地保存下来。但原有高大的石刻须弥座塔基被泥沙埋没，以至于今天看来，铁塔好像是从地里长出来一样。

小全张【中国古塔】主图为上述四枚邮票。

泉州开元寺镇国塔

认识邮票中的建筑艺术

北京立交桥（T）

发行日期：1995.6.20

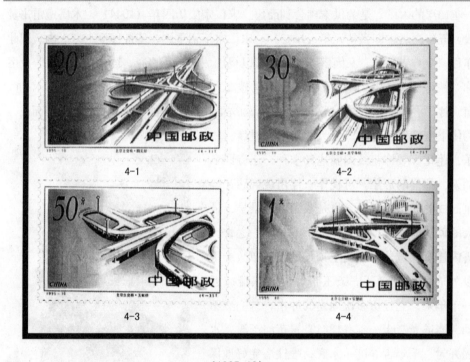

4-1　　　　　　　　　4-2

4-3　　　　　　　　　4-4

（1995-10）

4-1四元桥	20分	5 253.7万枚
4-2天宁寺桥	30分	2 745.7万枚
4-3玉蜓桥	50分	3 103.7万枚
4-4安慧桥	1元	2 819.7万枚

邮票规格：52 mm×31 mm

齿孔度数：11.5度

整张枚数：40枚

版　别：影写版

设计者：阎炳武、呼振源

印刷厂：北京邮票厂

全套面值：2.00元

知识百花园

城市立交桥是现代化都市繁荣发达的重要标志。美国1921年建成了世界第一座分离式立交桥，1928年又首次建成了首蓿叶形互通式立交桥，从此道路交通开始从平面向立体发展。不少国家如德国、瑞典、法国、加拿大等国家先后在高速公路上修建了各种形式的立交桥。1974年北京首座立交桥——复兴门桥建成，开了首都城市交通立体化的先河。为了促进经济的飞速发展，适应交通负荷的增长速度，北京市从1987年8月1日起，先后进行了东厢、西厢、南厢、南三环、东三环、西北二环、西北三环道路的改造工程，奋战八年，到1994年9月25日止，北京市的立交桥从14座增加到120多座。现在选取四座不同建筑式样、风格与特色的立交桥，使之走上邮票封面，以便向世人展示这一伟大成就。

邮票解析

图4-1【四元桥】气势磅礴、富有节奏感的四元桥地处北京朝阳区，位于首都机场高速公路的西南端起点上，与东、北四环路相连，于1992年8月开工，1993年9月建成。是北京市也是全国最大的立交桥。四元桥是一座全互通式四层特大型立交桥，整个桥梁由26座大小桥组成，桥梁总长达28千米，形成了桥上有桥，桥下有桥，桥过路，路连桥、桥连桥的桥中之桥，气势宏大。它采用了大跨度的圆柱形桥墩，其桥墩跨度之大也居全国之冠。

图4-2【天宁寺桥】线条流畅、新颖美观的天宁寺桥地处北京市西城区，位于北京南外二环路的西部，它是北京市重点工程——西厢工程中最大的一座立交桥。

于1990年10月开工，1991年11月建成。它东接西便门桥，西连莲花池东路，南邻广安门桥。它也是一座四层互通式立交桥，其特点是道路线条流畅，舒展明快，桥下的护城河流水潺潺，桥畔的天宁寺塔巍巍矗立，别具风格，构成一幅生动自然的都市建筑风情画。它采用独柱式桥墩。

图4-3【玉蜓桥】秀丽挺拔、对称均衡的玉蜓桥地处北京市丰台区，位于南二环路东部，东为左安门桥，西为永定门桥，南北连接着天坛东路和蒲黄榆路。它是北京市南外二环东段改造工程的组成部分。1987年11月开工，1988年12月建成。其原名蒲黄榆桥，因其形似蜻蜓，于是改为此名。该桥为一座三层互通式蜻蜓形桥，由21座大小不同的桥涵组成，桥梁总面积达2.5万平方米，南北桥长490米。其最大特点是对称性强，主桥为身，辅桥为翅，俯视时犹如一只展翅欲飞的蜻蜓。它的桥墩采用了Y字形结构。

图4-4【安慧桥】庄重华丽、简明清晰的安慧桥地处北京市朝阳区，位于北四环中路，南北向沟通了安定路和安立路。于1987年9月开工，1988年11月建成。它是1990年北京亚运会工程的道路交通部分，是北郊体育中心的重要交通枢纽。它的西北部为亚运村，西南是奥林匹克体育中心。为三层菱形苜蓿叶式立交桥，占地面积13.6万平方米，桥长200米，由19座各式的斜桥、弯桥、直桥组成。它采用了横向排列的H型桥墩。

北京立交桥夜景

长城

3-1　　　　　　　　3-2　　　　　　　　3-3

（普28）

3-1金山岭　　　　　　60分

3-2山海关　　　　　　230分

3-3老龙头　　　　　　290分

邮票规格：25 mm×20 mm

齿孔度数：13×12度

整张枚数：50枚

版　　别：影写版

设计者：杨文清、李德福

印刷厂：北京邮票厂

全套面值：5.80元

知识百花园

1994年9月1日，我国对部分邮政资费再次进行调整，国际航空明信片由1.30

元调至2.30元，国际航空信函由2.00元调至2.90元。另外，对于台港澳信函、航空明信片和航空邮简也均调至0.60元。为适应资费调整，邮电部发行以长城关口为主图的这三种面值的小票幅普票，以"分"为面值单位。

邮票解析

图3-1【金山岭】金山岭位于河北省滦平县巴克什营花楼沟，这里有被称为第二个八达岭的金山长城。它建于明隆庆四年（1570），长20余华里，沿险峻山势蜿蜒曲折。高低隐现，气势磅礴。其构筑复杂，有形式各异的楼台158座，楼墩有方、扁、圆形；楼顶有船篷、穹隆、四角和八角攒尖等形状，另外，还有望楼和库房楼等。建筑用料就地取材，制作技艺高超，如花楼台的汉白玉券门，刻有浮雕花卉，极其别致精美。最高处有望京楼，晨曦中可远眺北京城郭，夜幕中可见北京灯火。环顾四周，众峰挺秀，林莽森森，景色苍茫辽阔。

图3-2【山海关】山海关位于河北省秦皇岛市东北15千米处，明洪武十四年（1381），大将徐达在此构筑长城，建关设卫，因关在山海之间而得名。它北依燕山，南临渤海，地势险要，为东北、华北间的咽喉要冲，历来是兵家必争之地，有"两京锁钥无双地，万里长城第一关"之说。山海关共辟四门，东曰镇东，即天下第一关；西曰迎恩；南曰望洋；北曰威远。各门均筑有城楼。城中心筑钟鼓楼。城外绕以护城河。东门外筑有瓮城，外绕以东罗城。山海关与长城衔接处建有奎光阁，东罗城有牧营楼，北面城墙上有临闾楼、威远堂，关北有北翼城，关东一千米处的欢喜岭上有威远城。关城周围烽火墩台星罗棋布、彼此呼应，这些建筑在军事上互为犄角，前防后卫，主次分明，并和附近的渤海关口（老龙头）、南水关、北水关、旱门关、角山关、三道关、寺儿峪关以及城堡、墩台相配合，构成一个周密牢固的军事防御体系，是我国历史上重要的军事关隘。现在山海关的古代建筑多已无存，只有部分城墙尚完整。

图3-3【老龙头】老龙头位于河北省秦皇岛市山海关以南四千米处的海滨，为渤海关口。它在燕山支脉的入海处，是万里长城东部起点，长城由此经山海关蜿蜒越群山之巅而向北延伸。老龙头筑有宁海城，城内有澄海楼。它砌石为垒，高达三丈，伸入海中七丈，为明代蓟镇总兵戚继光所建。光绪二十六年（1900），八国联军进攻渤海湾，炮轰老龙头，火烧澄海楼，现仅存石碑一座，上书"天开海岳"，传说为戚继光的亲笔。

万里长城（明）（第一组）

发行日期：1997.4.1

（普29）

1古北口　　　　　50分

邮票规格：25 mm×20 mm

齿孔度数：13×12度

整张枚数：50枚

版　别：影写版

设计者：杨文清、李德福

印刷厂：北京邮票厂

全套面值：0.50元

知识百花园

　　为适应国内平信邮资从20分调升到50分，邮电部发行普通邮票一种，以明代长城的古北口为主图。面值50分。明朝在灭掉元朝以后，原来的统治者蒙古贵族逃回旧地，仍然不断南下骚扰掠夺，同时在东北又有女真的兴起，为了防御蒙古、女真等游牧民族的扰掠，明朝十分重视北方的防务。在朱元璋即将统一全国的时候，就采纳了休宁人朱升"高筑墙、广积粮、缓称王"的建议，在明朝200多年的时间里差不多一直没有停止过修筑长城并时常巩固长城的防务。明洪武元年（1368），大将徐达修筑居庸关等处长城。洪武十四年（1381），又修筑山海关等处长城，到公元1600年前后，长城的总体修建工程才基本完成。这一东起鸭绿江，西到嘉峪关，全长6300多千米的长城，其中从山海关到鸭绿江这一段，由于工程比较简单，毁坏较为严重，而从山海关到嘉峪关这段工程，因质量坚固，至今仍保存得较完整。因为有两个关城东西对峙，以至于人们误认为万里长城只是东起山海关，西至嘉峪关。

明长城工程极为浩大，在居庸关、山海关、雁门关一带重要关隘处，修筑了好几重城墙，多的达20多重。在长城南北设立了许多堡城、烽火台，用来瞭望敌况，传递军情，仅明正德年间（1506～1521）在宣府、大同一带，就修筑了烽火台3 000多处。为了加强长城防务，便于指挥调遣长城沿线兵力并能随时修缮长城关隘，明代把长城沿线划分为九镇，即：辽东镇、蓟镇、宣府镇、大同镇、山西镇、延绥镇、宁夏镇、固原镇、甘肃镇，每镇设总兵统辖，分管数千米的长城事务。明长城的关口很多，总数在1 000以上，其中著名的也有数十座，每镇所辖关口多至数百个。自居庸关以西，明长城分为南北两线，到山西偏关附近的老营相合，被称之为内、外长城。内长城从居庸关西南，经河北易县、涞源、阜平而进入山西的灵丘、浑源、应县、繁峙、神池而至老营；外长城自居庸关西北经赤城、崇礼、张家口、万全、怀安而进入山西的天镇、阳高、大同，沿内蒙古、山西交界处达偏关、河曲。它们构成了明代都城北京的西北屏障，对于防御来自西北的外族威胁，作用甚大。这些长城雄伟坚固，尤以居庸关、倒马关、紫荆关的"内三关"和雁门关、宁武关、偏头关的"外三关"最为险要，因此经常派重兵把守。明朝除了在北部修筑万里长城外，还在长江以南修筑过长城，据《湖南通志》记载，明朝在辰州一带曾"沿边筑墙三百八十里"，以防御来自西南的外患。

这枚邮票主图为古北口长城，位于北京密云区东北部，是明长城的著名险段之一。古北口长城闻名中外，还因为在抗日战争中，中国军民曾在此顽强抵抗过日本侵略者，打击过日寇的嚣张气焰，古北口抗战曾经振奋过民族的精神，鼓舞过中华儿女抗日救国的斗志，它的光荣历史已同这伟大建筑的英名，一同载入史册。如今，古北口长城在人民政府的保护下，已经焕然一新。

侗族建筑（T）

发行日期：1997.6.2

4-1　　　4-2　　　4-3　　　4-4

（1997-8）

4-1增冲鼓楼　　　　50分　　　3 151.75万枚

4-2百二鼓楼　　　　50分　　　3 151.75万枚

4-3跨河风雨桥　　　150分　　2 551.75万枚

4-4田间风雨桥　　　150分　　2 551.75万枚

邮票规格：（1、2图）30 mm×40 mm；（3、4图）40 mm×30 mm

齿孔度数：12度

整张枚数：20枚

版　别：胶版

设计者：李印清

印刷厂：辽宁省沈阳邮电印刷厂

全套面值：4.00元

知识百花园

侗族是一个古老的民族，其祖先是居住在江浙一带的古越人，自称为

"甘",世代居住在贵州省东南部的黎平、从江、榕江、天柱、锦屏、三穗、镇远、剑河、玉屏等县市,也有少数居住在湖南、广西等省区。使用侗语。以农业生产为主,善造鼓楼和花桥(风雨桥),据调查,现尚存鼓楼有300多座,花桥为数更多。那如塔如阁的鼓楼和兼具楼廊的花桥,正是侗族古老文明的象征,是侗族人民智慧的结晶,也是中华民族文化及古建筑遗产中的又一块宝。

邮票解析

图4-1【增冲鼓楼】坐落在从江县城西北50千米处的增冲寨。清康熙十一年(1672)修建。1978年和1982年曾两次维修。鼓楼占地94平方米,通高20余米。为密檐式,外形为13重檐八面坡攒尖顶,上为双层楼冠葫芦宝顶,八角飞翘,刹柱冲天,姿态雄伟壮观。邮票画面采用旭日东升时的暖色调,在涌着的光幻中表现其巍峨高耸与神秘感。

图4-2【百二鼓楼】坐落在从江县城北面约40千米处的洛香镇百二村。1927年建成。也为密檐式,外形为四角九重檐四面坡攒尖顶,不设楼冠,它与增冲鼓楼代表了两种形式迥异的类型,其他多是这两种形式的组合变种。邮票画面以正午时分的骄阳和蓝天上飞舞的白云来映衬鼓楼,使其更显得古朴自然,俏丽巍峨。

图4-3【跨河风雨桥】位于黎平县城南109千米的地坪上、下寨与甘龙之间,横跨南江河上。始建于清光绪八年(1882),1964年重建,1981年维修。为石礅悬臂梁,上覆桥廊,全长56米,桥廊宽3.85米。桥间置一石礅,左右桥头与石礅互架原木,逐层向外递伸,从而缩短跨度距离,再由二层各四根粗大挺直的杉原木穿榫成梁,桥面上正中及两端分别建有阁楼一座,楼廊相间,组合严谨,亦楼亦桥,造型奇特。邮票画面采用横式构图及金黄色调,展现了跨河风雨桥的婀娜多姿和独特风貌。

图4-4【田间风雨桥】位于黎平县距县城25千米处的高近乡。建于清乾隆三十年(1765),清道光二十六年(1846)重建。该桥置身于田间小溪之上,用长圆木一排简支架设,桥墩用块石砌筑,迎水面作分水,岸墩亦用石砌,其上放置托梁,末端嵌压巨石。为增重量,桥顶中间及两端均建有亭楼,使造型更为完美,结构玲珑精巧。邮票画面采取细雨蒙蒙的意境,并有几位小憩的姑娘,以表现侗家的田园生活,充满诗情画意,更显田间风雨桥的秀美、实用。

万里长城（明）（第二组）

发行日期：1997.9.1

4-1

4-2

4-3

4-4

（普29）

4-1黄崖关　　　　　30分

4-2八达岭　　　　　100分

4-3居庸关　　　　　150分

4-4紫荆关　　　　　200分

邮票规格：25 mm×20 mm

齿孔度数：13×12度

整张枚数：50枚

版　别：影写版

设计者：杨文清、李德福

印刷厂：北京邮票厂

全套面值：4.80元

知识百花园

这套明长城第二组普通邮票，以四处险关要隘为主图。古今军事家选择战场时，无一不重视关隘的险峻。险关要塞，守之则有万夫莫克之利，失之则有全军覆没之危，因此，关隘历来成为战争必争之所。不仅如此，它也是商旅往来贸易的交通要道。

邮票解析

图4-1【黄崖关】黄崖关位于天津蓟州区城关镇北三十千米、蓟州区与河北省兴隆县交界处。因山崖在夕阳辉映下反射出万道金光，故名"黄崖关"。又叫"小雁门关"，据说是李自成所封。黄崖关城位于河西岸，扼关隘要冲。关城建于明永乐年间，面积1.5平方千米，由正关、水关和东、西稍城组成。正关是关城主体，南、东、西三面均有突出墙面的城门垛，南门上方嵌楷书"黄崖口关"汉白玉匾额。东西稍城是关城北墙向东、西两侧伸出的边墙，西至绝壁王帽顶下，东至水关。水关为一桥洞式建筑，上置雉堞，下修拱形水洞，是万里长城的唯一水关。黄崖关城因年久失修，大多已倾圮。1984年以"爱我中华，修我长城"而集资修复，使这一著名关隘呈现出崭新的面貌。

图4-2【八达岭】八达岭是关沟第四道关口，元人谓关沟北口，与南口相对。位于北京市延庆区南部，距居庸关约十千米，为居庸关的门户。从八达岭俯视居庸，远眺北京，居高临下，势若高屋建瓴，地势险要，有"居庸之险不在关而在八达岭"之说。八达岭关城建于明弘治十八年（1505），嘉靖、万历年间曾加以修葺。关城有东西二门，东门额题"居庸外镇"，刻于嘉靖十八年（1539）；西门额题"北门锁钥"，刻于万历十年（1582）。关城二门均为砖石结构，券洞上为平台，台上南北各开有豁口，东门平台与关城城墙相连，西门平台与长城相连。八达岭位于军都山的主峰，海拔1000多米，地势险要，守防谨严，历来是兵家必争之

地。它居高临下，山石嶙峋，雄踞险地，一览无余，万山丛中，只有这一道险关可通，山崖上的"天险"石刻二字，正是名副其实。修筑极为坚固，墙体外壳用整齐巨大的青砖砌筑，并依山势而建，高低宽窄不一，蜿蜒起伏，随山回环。一般墙高七米，墙基宽约6.5米，顶宽约5.8米，可容"五马并骑，十行并进"。墙身向内一侧每隔数米即有一个石砌的圆顶券门，外侧砖砌高近两米的垛口，每个垛口都有望口，下有射洞，城墙之上，每隔半里或一里就有一个墙台、敌台或战台，确有"一夫守关，万夫莫开"之势。

图4-3【居庸关】居庸关位于北京昌平区境内，距北京市区50多千米，是长城的要口之一。居庸关之名，取"徙居庸之徒"之意。传说秦始皇修筑长城时，将征来的民和士兵徙居于此。三国时，称西关，北齐时改为纳款关，唐代有居庸关、蓟门关、军都关等名称，辽、金、元、明、清各代乃称居庸关。明代与倒马关、紫荆关合称"内三关"，为北京西北的天然屏障，明成祖称之为："路险而窄，北京之襟喉也。百人守之，万人莫窥"。居庸关两侧高山屹立，中间为一长达二十千米的溪谷，俗称"关沟"，十世纪后，是京师通往塞外的通衢要道，车马骆驼不绝于途，因而形成关沟两侧的72景，为居庸险关倍增许多风采，使关城更为雄奇险要。

图4-4【紫荆关】位于河北易县城西四十千米的紫荆岭上，海拔1 080米。其东连云蒙山，北傍巨马河，南临安各庄水库。因其崖壁峭直，状如列屏，又称蒲阴陉，被列为"太行八陉"中的第七陉。古称子庄关，东汉时改为五阮关，宋时称金陂关，后因山上多紫荆树而更名为紫荆关，金、元以来皆沿用此名。又因位于居庸、倒马二关之间，明代合称之为"内三关"。紫荆关原有关门四座，以南北二门为交通要冲。北门有"紫荆关""河山带砺"匾额，南门有"紫塞金在"匾额，皆为明万历年书刻。此关素称"畿南第一雄关"，它南面以十八盘道为险阻，北面近似浮屠隘口为门户，远以宣化、大同为藩篱，一关雄踞中间，群险翼庇于外，崎岖山区，易于防守，有"一夫当关，万夫莫前"之险，是由河北平原进入太行山的要道之一。紫荆关所在的易县，是刺秦王的荆轲的故乡，人们不会忘记那"风萧萧兮易水寒，壮士一去兮不复还"的悲壮歌词。在紫荆关东面的永宁山下，还有著名的清西陵，雍正、嘉庆、道光、光绪四个皇帝及他们的后妃、公主、皇子都埋葬在这里。紫荆关南面还有"狼牙山烈士塔"，那与日月同辉的狼牙山五壮士，将永远铭记在中国人民的心里。如今的紫荆关，仍然是重要的交通要隘，并已成为出名的旅游胜地。

岭南庭园（T）

发行日期：1998.1.18

4-1   4-2

4-3   4-4

（1998-2）

4-1可园	50分	4 225.9万枚
4-2梁园	50分	4 069.9万枚
4-3清晖园	100分	3 767.9万枚
4-4余荫山房	200分	3 153.9万枚

邮票规格：50 mm×30 mm

齿孔度数：12度

整张枚数：40枚

版　别：胶版

设计者：郭承辉、阎炳武、潘可明

印刷厂：辽宁省沈阳邮电印刷厂

全套面值：4.00元

知识百花园

中国的园林艺术，崇尚自然情趣，注重诗情画意，具有鲜明的民族艺术风格。一般说来，我国北方园林开阔广大，重在气势；江南园林精巧雅致，重在意境；而岭南庭园则重于营造一个家庭的气氛，有厅有房，有楼有廊，配置齐全，主次分明，在不大的面积中，浓缩着大自然的春华秋实。岭南，是指五岭以南的地区，即广东、广西一带。而这套邮票所描绘的"岭南庭园"，均在广东省境内。设计者运用电脑设计手段，在构图上借鉴了宋代界画的特点，将远处建筑拉到近处，意在从不同角度展现各类景观的特征。

邮票解析

图4-1【可园】坐落在东莞市西博夏村，始建于清道光三十年（1850），于咸丰八年（1858）由广西按察使张敬修建成。该园面积虽小，仅三亩三（2204平方米），但布局巧妙合理，小巧玲珑。其主要景点有：草草草堂、擘红小榭、曲池、可堂等，虽多为木石砖瓦结构，但造型均极为考究，门、窗甚至地板亦各具风格。其中可堂是可园的主体建筑，是可园举办喜庆宴会之处，由屏风、门栏、檐楣装饰得金碧辉煌。堂上有楼，即最负盛名的可楼，楼高15米多，为歇山顶。底层大厅为可轩，前有曲尺形水池，侧有石梯级，盘曲可上缘绮楼，复又能通可楼二三层。第四层为邀山阁，四面明窗，由十根置于石礅上的格木柱支撑瓦面，不用一钉一铁历百年风雨而无恙，俗称定风楼，登临可尽览园中景色。当年名画家居廉曾在可园十年，创造没骨及撞粉画法，留下了许多吟咏。该园曾几度荒废，近年修复一新，还其固有本色。邮票画面即突出描绘了可园的象征体——可楼的姿色。

图4-2【梁园】坐落在佛山市旧区先锋古道，是清代曾任内阁中书的岭南书画家梁蔼如及其侄梁九华、梁九章、梁九图于清嘉庆、道光年间（1796～1850）陆续建成的。作为梁氏宅园，昔日其面积曾纵横千亩，其中包括十二石斋、汾江草庐、

寒香馆和群星草堂等四组园林建筑，规模宏大，布局精妙，宅第、祠堂与园林浑然一体，岭南式庭园空间变化迭出，格调高雅；造园组景不拘一格，追求淡雅自然，如诗如画，富有田园风韵。其中群星草堂是梁园保存较完整的一个群体，有秋爽轩、船厅、小榭楼、刺史家庙、书斋、荷香水榭等园林建筑，均以小巧玲珑、轻盈通透而富岭南风韵著称。尤其是该园以大小奇石之千姿百态，设置组合之巧妙脱俗而独树一帜，造园者精心挑选奇峰异石，用写意的手法，精心布局，加以园路的穿插变化，营造出山宕丘峦、拟人拟物的多种意境，与外围的回廊组合成一种特有的园林景观，故该园又称"十二石斋"。

图4-3【清晖园】坐落在顺德区大良镇华盖里。原是明代万历状元、礼部尚书黄士俊的"天奉阁"和"灵柯之阁"旧址，后归清代乾隆进士龙应时所有。其子龙廷槐，亦为乾隆进士，官至太常侍卿，始经营改造，易名"清晖园"。全园占地五亩，南部为水池，澄漪亭、碧溪草堂等分布四周，开敞而明朗；中部则是模仿珠江上"紫洞艇"的船厅，人在厅内，仿若在蕉林丛阴遮的珠江三角洲水乡之中。这里还有惜阴书屋、花亭等，许多奇花异草，亦唯该园所独具。座座假山，屹立其中，是全园的精华部分。北部由竹苑、归寄庐等建筑小院组成，是较为幽闭的园中园景区。全园共有亭、台、楼、阁、厅、堂、池、榭等十多座，以走廊、曲桥、池塘、假山相连或相隔，构成了山水相间、幽深清空之超脱布局。再辅以历代名家字画、古玩盆趣、名贵家具、精美雕刻、楹联匾额的设置，使层层景色幽雅而含蓄。邮票画面重点展示了南部水乡一带的园林风光。

图4-4【余荫山房】又名余荫园，坐落在番禺市南村镇。由清朝举人邬燕天聘能工巧匠建于同治三年（1864）。由于他在咸丰五年中举，后签分刑部堂主事、为七品员外郎，其长子和次子亦先后中举，故有"一门三举人，父兄弟登科"之说，名以"余荫"，是谓叨承祖先之余荫，乃有今日之荣耀。全园面积1598平方米，以小巧玲珑的独特风格而著称。它运用藏而不露、缩龙成寸的建筑手法，采用散点式自由布局，以单拱廊桥为界，将全园分为东西两区。西区的深柳堂、临池别馆，中间隔以荷池；东区以八角堂，即玲珑水榭为中心，池水绕亭与外界沟通。镶建在北墙的半边"来薰亭"与南侧石砌假山相呼应。邮票画面便描绘了这组建筑群景。园内花木葱郁，花砖铺地，随处可见精巧细致的木雕饰品，各建筑间均以风雨廊连接，正是"余地三弓红雨足，荫天一角绿云深"，园中有园，景中有景，给人一种恬静和淡雅的美感，如置身于"波暖尘香"之中。

傣族建筑 （T）

发行日期：1998.4.12

4-1

4-2

4-3

4-4

（1998-8）

4-1傣族建筑·楼　　50分　　4 159.9万枚

4-2傣族建筑·井　　50分　　4 033.5万枚

4-3傣族建筑·亭　　150分　　3 198.3万枚

4-4傣族建筑·塔　　150分　　3 239.9万枚

邮票规格：50 mm×30 mm

齿孔度数：11.5度

整张枚数：32枚

版　别：影写版
设计者：肖溶、杨建昆
印刷厂：北京邮票厂
全套面值：4.00元

知识百花园

　　傣族是个历史悠久的少数民族，古时称为"掸""金齿""白衣""白夷""摆夷"等，新中国成立后按本民族自称音译为傣族，即"自由"之意。傣族人口有一百多万，主要分布在云南省西双版纳傣族自治州和德宏傣族景颇族自治州的河谷平坝地区。这里气候温和，空气湿润，阳光朗朗，有着大片生态系统保持完整的热带原始森林，油棕、贝叶棕、大青树、槟榔等随处可见，且四季常青；金丝猴、绿孔雀、长臂猿、各种蟒蛇和蝶类到处出没，繁衍茂盛，堪称一块"美丽神奇的乐土"。这种独特的自然地理环境，孕育了傣族内涵丰富的民族风情和生活习俗；而那里特有的历史文化氛围，也造就出傣族神秘而虔诚的宗教信仰。傣族服饰、傣族歌舞，均令世人瞩目；而颇有民族特色的傣族建筑，更凝聚着傣族人民的辛勤和智慧。

　　在西双版纳和德宏两个自治州45年州庆之际，在"泼水节"即傣历新年期间，"傣族建筑"四枚邮票也同时面世。设计者通过多次深入傣族地区进行实地访问和考察，运用以国画的淡彩为主、西画的水彩水粉为辅之手法，艺术地再现了西双版纳和德宏地区极富地方民族特色的傣族建筑和热带植物风貌。

邮票解析

　　图4-1【傣族建筑·楼】傣家竹楼，俗称"干栏"。过去的竹楼是利用竹子盖楼房，现在一般是木架式竹楼。整个楼大致用20～24根粗大木柱支撑，木柱支在石磴上，屋内横梁穿柱，屋顶用"草排"覆盖，下层高七八尺，四周无遮拦，牛马拴在柱上。木梯后为凉台，进屋为一长形的大客屋，中间有一个火塘，这里既可待客休息，又是做饭的地方。侧旁用篱笆分隔为几个小间的是主人的卧室，外人不得入内。这种楼居的特有住宅形式，正是从古代越人到后来的壮傣诸族长期相承的民族

传统建筑，是壮傣人民勤劳和智慧的结晶。邮票画面以西双版纳小勐伦傣族村寨的干栏建筑为主图，以槟榔、芭蕉、番木瓜等热带植物为背景，又在楼上点缀了一个正在劳作的傣族妇女，突出了傣族宅居浓厚的生活气息。

图4-2【傣族建筑·井】傣族地区的水井分布十分普遍，每个寨子里几乎都有一口具有浓郁民族风格的石砌水井，傣语称之为"南磨广母"，即塔井之意。井罩的造型基本上是缩小了的小乘佛塔样式。塔井一般高两米左右，一米见方，外观呈方形，三面用石块封塔，留一面汲水，中间为宝塔式尖顶，四角为飞檐结构，从而形成井帽，将水井罩住，这成为傣家村寨生活中不可缺少的一大景观。邮票主图为德宏州最原始、最典型的石雕立式水井，以大榕树为背景，还有井栏旁闲置的长柄取水瓢和小路上行走的小卜哨（傣族少女），营造出一种滋润、恬静的氛围。

图4-3【傣族建筑·亭】傣式佛殿建筑在傣族地区随处可见，其中最为典型的便是位于西双版纳勐海县城西14千米勐遮乡的景真寺的经堂，俗称"景真八角亭"。该堂建于傣历1063年（1701），通高15.42米，宽8.6米，由座、身、顶三部分组成，为砖木结构。亚字形基座有16角，16面砌砖墙，四门，墙内外镶彩色玻璃，并以金银粉绘制图案。亭身有31个面，32个角，每个角都盖着缅瓦，又有各类陶制脊饰点缀其间。八个亭角偏厦，自下而上，层层收缩，攒为尖顶，宝顶上有刹顶上冲，各层檐角上翘，旁顶边沿挂有铜铃。相传，此亭是仿照佛祖释迦牟尼所戴的金丝台帽而建造的，显示了傣族人高超的建筑工艺水平。邮票画面以亭为主图，以大青树为背景，还有祭幡和傣族小和尚，突出了傣族小乘佛教博大精深的宗教内涵。

图4-4【傣族建筑·塔】傣族地区信奉上座部小乘佛教。傣族男子到学龄时一般都出家当几年和尚，学习傣文、经书和文化知识，成年后仍可还俗择业、成家。作为小乘佛教的象征，傣族地区随处可见与泰国、缅甸风格相似的奘房（佛寺）和佛塔。傣式佛塔正是其宗教图腾和文化的体现，有单塔、群塔之分，其共同特征便是都有一个锥状塔身和尖细塔刹。德宏、西双版纳两地的傣式塔很多，样式也极丰富，其中以位于德宏盈江县城郊允燕村的允燕塔较具代表性。该塔又称曼勐町塔，建于民国年间。塔高二十米，底面占地四百平方米，基座四层，塔四角。中心母塔下部，以缀有精工浮雕的多种几何形体组成。各边角共立有与母塔相似的子塔计四十座，犹如众星捧月。子、母塔顶均置有金属顶冠，上悬响铃。邮票画面即以此塔为主图，以具有佛教文化意味的贝叶棕为背景，突出了傣族佛教的庄严和傣式佛塔的神圣。

古代书院 （T）

发行日期：1998.4.29

4-1 4-2

4-3 4-4

（1998-10）

4-1应天书院　　　50分　　　4 199.9万枚

4-2嵩阳书院　　　50分　　　4 199.9万枚

4-3岳麓书院　　　150分　　　3 149.9万枚

4-4白鹿书院　　　150分　　　3 149.9万枚

邮票规格：50 mm × 30 mm

齿孔度数：12度

整张枚数：40枚

版　别：胶版

设计者：杨文清、李德福

印刷厂：河南省邮电印刷厂

全套面值：4.00元

知识百花园

书院是我国封建社会特有的一种教育组织形式。它是以私人创办为主，积聚大量图书，教学活动与学术研究相结合的高等教育机构，对中国封建社会的政治和学术的繁荣都发生过重要作用。

我国古代书院在其漫长而曲折的发展进程中，在教育教学方面逐渐形成了自己的特色和优良传统。它坚持了学术研究和教育教学相结合的原则。书院一般都是学术研究的中心，学术研究的发展是教育教学的基础，而教育教学的广泛开展，又是学术研究成果得以传播和进一步深入发展的条件。南宋书院的兴盛，同理学研究的发展密切相关，而明代中叶书院的复兴，又与王守仁的心学研究有一定的关系。书院的主持者大多都有较高的学术水平，在书院讲学的也多是著名的学者。书院盛行"会讲"，允许不同学派发表意见，在一定范围内体现了"百家争鸣"的精神。南宋的朱熹和陆九渊为儒学两个不同的派别所代表，他们曾于淳熙二年（1175）在江西信州（今上饶市）鹅湖寺进行公开辩论，开了书院"会讲"之先河。"会讲"活跃了学术空气，丰富了教学内容，扩大了书院的影响，提高了书院的社会地位。1921年，毛泽东取古代书院形式，纳入了现代学校研究内容，创办了湖南自修大学。抗战时期，国内又兴建了几所书院，如重庆的勉仁书院、乐山的复性书院等，它们继承了古代书院的优良传统，吸取其有益的养分，为现代教育制度的发展提供了宝贵的经验。

中国古代书院的优良传统和教学经验，是我国古代教育史上的珍贵遗产，其影响已遍布日本、朝鲜、东南亚各国，至今在这些国家仍有不少书院，而且对我国现代教育制度的改革仍有一定的借鉴意义。这套"古代书院"特种邮票，取材于北宋四大书院。设计者采用高清晰度扫描制版工艺，使邮票画面层次细腻清楚，体现出一种书院特有的宁静安详、古朴典雅的书卷气息。

认识邮票中的建筑艺术

图4-1【应天书院】原址在应天府（今河南商丘），因商丘古称睢阳，所以又称"睢阳书院"。始建于五代后晋时期，创办者是乐于兴办教育的杨悫。后杨悫的弟子戚同文继承师业，成为一代经师，至北宋初年，他培养的学生中科举者多达五六十人。戚同文去世后的宋大中祥符二年（1009），商丘富户曹诚出资在其原地筑学舍150间，聚书1 500余卷，广招生徒，盛况空前。这所书院因迅速发展、人才辈出，很快得到朝廷的嘉奖，赐匾额"应天府书院"，从此取得了官学地位。公元1017年，23岁的范仲淹慕名前来求学，苦学五年，考中进士，并成为北宋时期著名的政治家、文学家。不久，朝廷将其从府学改为南京国子监（宋时，称商丘为南京），使之成为国家的最高学府之一。公元1027年，知府晏殊聘范仲淹主管学府，他以育天下英才为己任，培养了大批人才，使应天书院达到了鼎盛时期。他在《南京书院题名记》中记述了书院的沿革和办学经验。在北宋四大书院中，唯有应天书院建于平原闹市，因而不断遭受兵灾战乱之祸，加之屡遭黄河水患灾害，虽几经修整，终难保全，现仅存有月牙池、大成殿、明伦堂等建筑。邮票画面为其全景构图（系采用复原规划图进行设计），表现了应天书院的古朴沧桑。

图4-2【嵩阳书院】原址在河南登封太室山（嵩山东峰）。原名嵩阳寺，北魏孝文帝太和八年（484）始建。隋唐时名嵩阳观，五代后周改为太乙书院，宋初又名太室书院，仁宗景祐二年（1035）始更名为嵩阳书院。理学的奠基人程颢、程颐及范仲淹、司马光等都曾在此讲学，据说《资治通鉴》就是司马光在这里及附近的崇福宫写成的。书院门前有唐天宝三年"圣德感应颂碑"，高八米，宽两米，书法劲道，雕刻亦见功力。院内有汉武帝游嵩岳时所封的"三将军柏"，现尚存两株。至清康熙十六年（1677），书院重建，后又增建了书院别墅、藏书楼、讲堂、道统祠等，规模日渐宏大。耿介、汤斌等儒学大师先后在此讲学，均以阐发程朱理学、继承孔孟道统为己任，以立志、存养、穷理、力行、虚心、有恒为教育原则，培养了不少文人学士。邮票画面为可窥其局部的敞开的大门，表现了嵩阳书院的隐秘幽深。

图4-3【岳麓书院】原址在湖南长沙岳麓山。最初由唐末五代僧人智睿在此办学。宋开宝九年（976）潭州太守朱洞创办书院。至宋咸平二年（999）太守李允进行扩建，增设书楼、礼殿，并得倒国子监赐书，使之规制完备。宋天禧二年（1018），真宗召见院长周式，赐"岳麓书院"匾额及内府书籍，书院由此名闻天

下。南宋时由著名理学家张栻主持书院，以"造就人才、传道济民"使之为办学宗旨，成为湖湘学派的主要基地。其间，宋代理学集大成者朱熹在此与张栻会讲《中庸》之义，并手书"忠孝廉节"，刻在前厅左右两壁，开启了闽学和湖湘学派的交流，时有"潇湘洙泗"之说。后朱熹任湖南安抚使，再度兴学于岳麓书院，朱、张之学成为岳麓学统。宋代及明末，书院曾两度毁于战火。清代恢复办学，雍正十一年被列为省城书院，藏书达万卷以上。光绪二十九年（1903），由巡抚赵尔巽改为湖南高等学堂。辛亥革命后，相继改为湖南高等师范学校、湖南公立工业专门学校，1925年改为湖南大学，1984年该校设立岳麓书院文化研究所，1988年1月，岳麓书院被列为全国重点文物保护单位。千年以来，书院历经兵火，屡废屡修，现尚存附属建筑文昌阁、御书楼、六君子堂、十彝器堂、濂溪祠、湘水校经堂、赫曦台、自卑亭等。邮票画面为其翠竹掩映下的大门，表现了岳麓书院的秀美幽静。

　　图4-4【白鹿书院】原址在江西九江庐山五老峰东南。唐贞元元年（785），洛阳人李渤、李涉兄弟在此隐居读书，李渤养白鹿以自娱，人称"白鹿先生"，后于其地建台榭，号为白鹿洞。唐末兵乱，高雅之士来洞读书，颜真卿之孙颜翠曾率弟子三十余人授经洞中。南唐时在其遗址的基础上建学馆，称庐山国学。宋时改名白鹿洞书院，设官师，学生常达数百人。南宋淳熙六年（1179），朱熹任南康军守时，派人主持修复白鹿洞书院事宜。他为书院置田建屋，充实图书，确定方向，订立制度，邀请名师，并亲自教导生徒，质疑问难。他教学以学生自己读书、自己理解为主，并以讲会、文会、师会等多种形式开展教学活动。他以勿事科举勉励学生，希望他们专心求学，莫问世事，莫羡荣华。他拟订的《白鹿洞书院条规》，不仅成为后世书院和各种地方学校所共同遵循的制度，而且影响了整个封建教育的发展。南宋教育家陆九渊也曾在这里讲过学，留有《白鹿洞书堂讲义》。史学家、教育家吕祖谦撰写的《白鹿洞书院记》，记述了书院的始末。明代思想家、教育家王阳明亦曾讲学于此，留有文字。清咸丰初年毁于兵火，同治年间重建。清末改为江西林业学堂。民国初年，康有为曾为书院题额。新中国成立后逐步修整，建立了白鹿洞书院文管所。1988年列为全国重点文物保护单位。院内现有圣殿、御书阁、彝化堂等；院外有独对亭、枕流桥、华盖松、钓台等；后山洞中有石鹿。还有存碑百余块，其一为"紫阳手植丹桂"碑石（紫阳即朱熹）。此外，书院学规为朱熹手刻；《白鹿洞歌》为紫霞道人于明万历九年（1581）所作等。邮票画面为其雄伟厚重的大门，表现了白鹿书院的辉煌兴盛。

故宫和卢浮宫（T）（中国法国联合发行）

发行日期：1998.9.12

（1998-20）

2-1 卢浮宫　　　　50分　　　4 009.9万枚

2-2 故宫太和殿　　200分　　　3 031.9万枚

邮票规格：40 mm×30 mm

齿孔度数：（1图）13度，（2图）11×11.5度

整张枚数：20枚

版　别：影写版

设计者：（法）克劳德·安德烈奥托

印刷厂：北京邮票厂

全套面值：2.50元

法兰西共和国是最早承认新中国的西方国家之一，中法两国邮政联合发行的邮票确定以中国北京故宫太和殿和法国巴黎卢浮宫作为邮票的主图。

邮票图稿由克劳德·安德烈奥托先生设计。他1949年生于巴黎，毕业于埃蒂安纳书画刻印艺术学校，是法国著名的造型艺术家。从1975年起，他在法国已多次举办个人画展，其作品还曾在美国、加拿大等国展出。他已参与了近300枚邮票的设计和刻印。

邮票解析

图2-1【卢浮宫】位于法国巴黎市中心塞纳河畔，是欧洲最为壮丽的宫殿之一，现为法国国立美术博物馆。卢浮宫包括庭院占地面积19.8万平方米，其中建筑物占地4.8万平方米，全长680米。其正殿平面呈"口"字形，装饰细微精致，由下而上逐渐丰富，檐壁上饰有浮雕，上面为独特的方底穹顶。1669年至1674年，卢浮宫的东立面进行了大规模改造，它全长172米，高28米，上下按照柱式比例分为三部分：底层为基座，高9.9米；中层为双柱柱廊，高13.3米；上层为檐部和女儿墙。如按水平方向它又分为五段，中央和两端各有凸出部分，中央用倚柱，两端用壁柱，装饰得简洁，层次丰富。改建后的东立面（东廊）成为法国绝对君权的代表性建筑而世界闻名。卢浮宫的法国绘画艺术品收藏为举世之冠。据统计，现有藏品达40万件，包括从古代艺术直至印象派的作品，新的陈列品中也包括现代派艺术。从1932年起，卢浮宫按最新的现代科学原理，对博物馆进行了全面规划和调整，按类别把艺术品陈列分为六个部分：希腊罗马艺术部、埃及艺术部、东方艺术部、绘画部、雕塑部、艺术品部。这些闻名于世、价值连城的稀世杰作，每年都吸引着数百万国内外游客。20世纪80年代初，法国政府决定对卢浮宫进行扩建改造。密特朗总统力邀美籍华人建筑师贝聿铭主持设计。贝聿铭采用一大三小玻璃金字塔的方案，解决了地下展厅的出入口和天然采光问题，同时又不破坏原有的建筑景观。工程自1985年2月动工，1988年10月竣工，从而为卢浮宫增添了现代气息，使这一历史性建筑更加精美完善。

图2-2【故宫太和殿】故宫，是我国现存最大最完整的古代宫殿建筑群，也是世界上最大的皇宫。而太和殿则是故宫中最壮观宏大、最富丽堂皇的建筑，它体现了皇帝的威严和权威。这一宫殿建筑群于1925年被辟为"故宫博物院"，藏有大量的历史文物和艺术珍品，其中许多都是稀世珍宝。

万里长城（明）（第三组）

发行日期：1998.11.1

（普29）

4-1九门口　　　10分

4-2娘子关　　　300分

4-3偏关　　　　420分

4-4边靖楼　　　500分

邮票规格：25 mm × 20 mm

齿孔度数：13 × 12度

整张枚数：50枚

版　别：影写版

设计者：杨文清、李德福

印刷厂：北京邮票厂

全套面值：12.30元

邮票解析

　　图4-1【九门口】 位于河北省抚宁区与辽宁省绥中县交界处，南距山海关十五千米，为明长城在蓟镇的重要关隘。因其关城有九门，故称"九门口"。修建于明洪武十四年（1381），景泰与万历年间曾大修。城墙高大坚固，为砖石结构，仅两千米长的城墙上便设敌楼十二座、哨楼四座、战台一座、烽火台一座、城堡一座。关城由长城墙体、内城以及关前九门、河上护城九门构成。内城周长一千米，墙高8.3米。

　　图4-2【娘子关】 位于山西平定县城北45千米处，原名苇泽关，是长城著名关隘，出入山西的咽喉。隋开皇时曾置苇泽县，后废。相传唐太宗之妹平阳公主统领娘子军驻此设防，故名。现存关城为明嘉靖二十一年（1542）所筑，有关门两座，中为居民区。外城门为砖券门洞，上有平台，似为检阅兵士和瞭望敌情之用；内城门下为砖券，上为门楼，筑构甚坚固。关城两翼之长城依山势蜿蜒，成为晋冀间天然屏障。

　　图4-3【偏关】 位于山西偏关县，与宁武、雁门合称三关。东衔管涔山，西濒偏关河，因东仰西伏，又称偏关。五代迄宋曾置偏头砦，元时改为关。现关城为明洪武二十三年（1390）改筑，并置偏头所，太原镇总兵驻此。后改置为县，属宁武府，辖边墙四道。今存边墙最佳处为黄河岸桦林堡地带，约三十千米，全部包砖，高耸河岸，甚为壮观。其余大部分夯土犹存，随山据险，好似黄龙逶迤于群山峡谷之中。

　　图4-4【边靖楼】 位于山西代县城内，俗称鼓楼。始建于明洪武七年（1374），成化七年（1471）火焚后增台重建。楼基高耸，南北城券洞穿通，基高13米，长43米，宽33米。楼身高26米，宽七间，深五间，四周围廊，三层四滴水，歇山式楼顶。二层设勾栏，三层于勾栏之下加设平座。斗拱规整，梁架精巧，建造雄伟，结构合理。因此，虽历经数百年的风雨侵袭和多次地震冲击，至今完好无损。

澳门建筑（T）

发行日期：1998. 12. 12

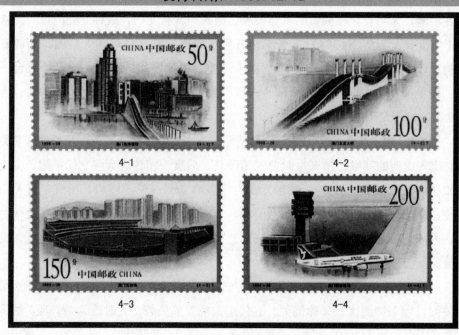

（1998-28）

4-1南湾楼群　　50分　　4 073.9万枚

4-2友谊大桥　　100分　　3 057.5万枚

4-3运动场　　　150分　　3 477.5万枚

4-4国际机场　　200分　　3 057.5万枚

邮票规格：50 mm×30 mm

齿孔度数：12.5度

整张枚数：42枚

版　别：胶版

设计者：李庆发、姜伟杰

印刷厂：北京邮票厂

全套面值：5.00元

知识百花园

这套"澳门建筑"特种邮票是为迎接澳门回归祖国而发行的系列邮票的第二套。

邮票解析

图4-1【南湾楼群】澳门半岛南部临海的南湾区，在60多年前还是汪洋一片。从1932年起，这里开始陆续填海造地，而大规模的建设则是从六七十年代开始的。如今的南湾，已是大厦林立、商店毗连、街道纵横、人车熙攘，成为澳门繁盛的新市区。这里有著名的"葡京酒店"，这座造型别致、风格独特的宏伟建筑，至1985年才完成最后的扩建工程。澳门最大的博彩娱乐场即设在其中。澳门目前最高的建筑物——中国银行澳门分行大厦，也屹立在南湾楼群中。这座40层、高度超过130米的大厦，是中国银行实力的象征。中国银行已于1995年10月16日开始发行澳门货币。现在，一项名为"南湾湖"的建筑工程正在紧张建设中。这项始于1992年7月的大型工程，将填海600多万吨，完成后使澳门总面积增加20%，并在其上兴建楼群，1999年完成后，将为六万人创造理想的工作和居住环境，并成为澳门21世纪的新标志。邮票画面即是以中银大厦为主体的南湾区楼群。

图4-2【友谊大桥】又称"新澳凼大桥"或"第二澳凼大桥"。它连接澳门半岛的新口岸水塘角与凼仔岛的北安，直接为澳门国际机场和位于路环的九澳深水港货运码头服务。该桥于1990年8月动工兴建，耗资六亿元，于1994年10月建成通车。大桥由葡籍工程师马丁士（cancin Martins）负责设计，全长4 700米，其中桥面长4 414米，宽15米，设有双向四车道，采用吊索钢桥式结构，是亚洲最长的跨海大桥。邮票画面即为横卧于澳门半岛的友谊大桥。

图4-3【运动场】位于醴仔岛。它的设计方案在1991年举行的公开竞标中被

认识邮票中的建筑艺术

107

确定下来，随后即开始工程施工。建成后的运动场有15 000个座位，并有带空调设备、环境舒适的贵宾房。运动场的停车场可同时停放800辆汽车。整个运动场包括一个真草足球场、达到国际A级水平的全天候跑道、跳远区、投掷区、训练场、人造草足球场（沙底）以及高度为九米的多用途体育馆和健身房等设施。这里除了可以进行各类体育比赛外，还可以举行文艺表演等活动。邮票画面即为这个硕大的运动场。

　　图4-4【国际机场】位于凼仔岛东侧的鸡颈山畔填海区，是澳门有史以来最庞大的建筑工程。机场于1989年12月8日动工修建。主要工程包括填海兴建人工岛作为机场跑道，在鸡颈山上开山建造客运大楼。1991年底完成航站区的开山填工程，1992年9月开始客运大楼的施工，1993年上半年主跑道的人工岛堤坝合龙。1995年11月9日机场开始投入服务，并于1995年12月8日举行仪式正式启用。整个机场建设耗资89亿元澳门币（约合10亿美元）。机场跑道全长3 350米，可起降波音747和麦道11等大型飞机，停机坪可同时停放16架飞机。每年可容纳600万人次的客流量及运送12万吨货物。机场的客运大楼占地4.5万平方米，出入境各占一层，另有一层楼为商业区。澳门国际机场的建成和使用，为澳门经济腾飞插上了翅膀。邮票画面是以客运大楼为标志的澳门国际机场。

友谊大桥

万里长城（明）（第四组）

发行日期：1999.3.1

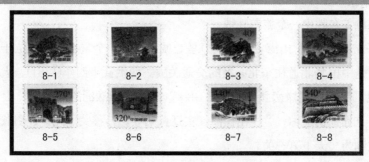

（普29）

8-1虎山长城　　　5分

8-2山海关　　　　20分

8-3金山岭　　　　40分

8-4慕田峪　　　　80分

8-5平型关　　　　270分

8-6得胜口　　　　320分

8-7雁门关　　　　440分

8-8镇北台　　　　540分

邮票规格：25 mm × 20 mm

齿孔度数：13 × 12度

整张枚数：50枚

版　别：影写版

设计者：杨文清、李德福

印刷厂：北京邮票厂

全套面值：17.15元

图8-1【虎山长城】虎山长城是明长城的东部起点，位于鸭绿江畔、瑷河之滨，与丹东市区近在咫尺，和朝鲜民主主义人民共和国隔江相望。沿长城拾级而上到达顶峰，可一览两国风光，举目望去，江城丹东的高楼大厦及鸭绿江大桥全部映入眼中；放眼远眺，烟波浩渺的黄海依稀可见。回首北望，阡陌纵横，屋舍俨然，丹大公路绕过虎山脚下沿江而过，已修复的长城犹如一颗明珠镶嵌在鸭绿江畔，成为鸭绿江风景名胜中一个旅游胜地。

图8-2【山海关】山海关是明代万里长城东部的一个重要关隘，位于河北省秦皇岛市，是中国华北通往东北必经的交通关隘。明洪武十四年(1381)，大将徐达设置山海卫。关城北倚峰峦叠翠的燕山山脉，南临波涛汹涌的渤海湾，由于地势险要，素有京都锁钥之称。"枕山襟海，实辽蓟咽喉，乃移关于此，连引长城为城之址"，被称为"天下第一关"。

图8-3【金山岭】金山岭长城位于承德市滦平县巴克什营一带，毗邻京承旅游公路，距北京130千米，距承德市区91千米。东面是雾灵山，西面是卧虎岭，南通京都，北达坝上，是进出塞内外的咽喉要道，也是历史上兵家必争之地。

金山岭长城东起望京楼，西至龙峪口，全长10.5千米。明隆庆元年(1567)，由明代爱国名将戚继光主持修建。它因所处位置地势平缓、易攻难守，加之其修造较晚，营造者可以充分借鉴以往修建历代长城的经验，使之在提高总体防御能力方面具备了许多独到之处，组成了一道城关相连、敌楼相望、重城护卫、射界交叉、烽火报警的防御体系，有许多军事设施为万里长城所罕见。金山岭南长城不仅防御严谨，从建筑艺术上来看，亦别具风格。仅敌台的建造形式就有方楼、圆楼、扁楼、拐角楼，箭窗楼也分为三孔楼、四孔楼、五孔楼不等。金山岭长城堪称我国万里长城的精粹，"文字砖、障墙、挡马墙、麒麟影壁"是金山岭长城的四绝，比起闻名中外的八达岭也有过之而无不及。

图8-4【慕田峪】慕田峪长城位于北京怀柔区境内。据文献考证，慕田峪长城是明初朱元璋手下大将徐达在北齐长城遗址上督造而成的。慕田峪长城的建筑结构有着独特的风格，这里敌楼密集，关隘险要，城两侧均有垛口，东南面有三座敌楼并矗一台的正关台，为长城罕见。西北面有建在海拔1 000多米处名曰"牛犄角边"和建在刀削一般山峰上被称为"箭扣"及"鹰飞倒仰"的长城，其势险峻峥

嵘。整段长城依山就势，起伏连绵，如巨龙飞腾，是万里长城的精华所在。慕田峪长城1992年被评为北京旅游景点中的世界之最，1997年被评为北京市文明景区。

图8-5【平型关】平型关是内长城的一个关口，位于山西省灵丘县西南方，明朝正德六年（1511）修筑。1937年9月25日，林彪指挥的八路军五师抗击日寇于平型关告捷，打破了日军不可战胜的神话。平型关大捷是八路军出师华北抗日战场后的首战大捷。

图8-6【得胜口】得胜口长城是明长城在大同镇的重要关隘，位于山西省大同市北约45千米。自古为联结晋北与内蒙古的主要通道，地理位置十分重要。得胜口长城为明初始建，同时在关口南建有得胜堡。该堡原为土筑，万历二年（1574）改为砖包，城周"三里四分，高三丈八尺"。嘉靖二十八年（1549）宏赐堡参将移驻此堡。今堡城包砖多被拆走，保存有砖砌券拱南关门，关门洞上为十分精巧的砖雕图案，但因年久失修，雕砖已摇摇欲坠。关门外嵌有一匾额，阴刻楷书"保障"二大字，并署有"万历丙午岁秋旦立"。关门里亦有一额匾，阴刻楷书"得胜"二大字。门洞内东西侧墙壁各嵌有石碑一块，西墙碑风化严重，字不可辨，东墙碑字迹清晰完整，为万历三十五年（1607）八月扩修得胜堡记事碑。

图8-7【雁门关】雁门关长城位于山西代县城西北二十千米的雁门山腰，与宁武关、偏关合称三关。附近峰峦错耸，峭壑阴森，中有路，盘旋幽曲，穿城而过，地形异常险要，为历代戍守重地。今日的关城为明洪武七年（1374）建成，后复筑门楼。今存关门三座，内有战国时赵国北边良将李牧祠旧址，尚有碑石数通。

图8-8【镇北台】镇北台长城位于榆林城北四千米的红山顶上，距离红石峡仅两千米，距离榆林市区仅七千米，建于明万历三十五年（1607），台依山踞险，居高临下，控南北咽喉，锁长城要口，是古时重要关隘和军事瞭望台。台南的匾额题"向明"二字，为万历时巡抚涂宗睿书。台呈方形，共四层，高三十余米。台基北长82米，南长76米，东、西各64米，占地面积5056平方米。台之各层均用青砖包砌，各层台顶外侧用砖砌出约两米高的垛口，垛口上部设有瞭望口，各层垛口内四周相通。其第一层周围有屋宇环列，乃当年守台将卒营房，至今基座尚存。紧依台北下方建一方形小砖城，名款贡城，是当年蒙汉官员接待洽谈及举行献纳贡品仪式的场所。镇北台建于明代，有"万里长城第一台"的称号，属于万里长城防御体系之一的观察所，是明长城中部的要塞之一。镇北台是明长城遗址中规模最为宏大、气势最为磅礴的建筑之一，是长城三大奇观(东有山海关、中有镇北台、西有嘉峪关）之一，有"天下第一台"之称，是我国古代劳动人民的聪明才智和坚强毅力的结晶。

万里长城（明）（第五组）

发行日期：1999.5.1

（普29）

4-1黄花城　　　　60分

4-2花马池　　　　10分

4-3三关口　　　　20分

4-4嘉峪关　　　　50分

邮票规格：（4-1）25 mm×20 mm，（4-2、4-3、4-4）31 mm×26 mm

齿孔度数：（4-1）13×12度，（4-2、4-3、4-4）11.5度

整张枚数：（4-1）50枚，32枚

版　别：（4-1）影写版，（4-2、4-3、4-4）影雕版

设计者：杨文清、李德福

印刷厂：北京邮票厂

全套面值：1.40元

邮票解析

图4-1【黄花城】黄花城位于怀柔区城关镇西北29千米，是北京界内少有的山水相连的长城，因仲夏时节这里的屋宇村舍会被淹没进漫天的黄花之中而得名。元朝，这里已是交通繁忙的村落；明朝，此地成为京都的军事重镇，称"本镇关"。

黄花城长城是从明代开始修建的。传说，当时朝廷派一位叫蔡凯的大将军主持建造，但历经多年才修好。朝廷很不满，朝中奸佞趁机以"工期过长，投资太大"告了蔡将军一状，结果蔡将军竟被斩首。后来，皇帝意识到这里有蹊跷之处，派人到镇中调查，见蔡将军修筑的长城极险峻、坚固，用米汤固定的砖石竟敲击不出一丝裂纹。于是终于明白这城墙绝非偷工减料之作，后来重新为蔡将军树碑立墓以示"平反"，并在城下极显著的岩石之上，刻上颜鲁公体"金汤"二字，每字有两米见方。所以，黄花城又称"金汤长城"。

图4-2【花马池】花马池古城即今盐池县城。天顺年间筑城。据《嘉靖宁夏新志》卷三记载："城高三丈五尺，东北二门，上有楼。"根据实际调查，城址为长方形，南北长1 100米，东西宽1 050米，面积1.16平方千米。城墙黄土夯筑，基宽12.6米，残高10米左右，顶宽2~4米。东、南、北三门均带瓮城，瓮城40米见方。东门曰永宁，瓮门南开；南门曰广惠，瓮门东开；北门曰威胜，瓮门东开。北瓮城早年已毁，东、南二瓮城尚留有部分残迹。西墙无门，于墙正中建有二层楼阁式玉皇阁，早年被毁。四隅有楼。以鼓楼为中轴分东西、南北两条主要街道。

花马池营为明正统二年(1437)在长城外所设的哨马营，成化年间将城堡移筑长城内，弘治七年(1494)改置花马池守御千户所。正德元年(1506)升为宁夏后卫。辖地约为今宁夏盐池县全部和灵武、同心县大部分地区。嘉靖年间曾商讨将指

认识邮票中的建筑艺术

挥西北四镇长城防御的陕西三边总制府移镇花马池，可见其军事重要性。

图4-3【三关口】三关口明长城位于永宁县西北边境的贺兰山东麓，距银川市四十千米，此关是宁夏与内蒙古阿拉善左旗的交界地，银川至巴彦浩特公路穿关而过，这里山脉蜿蜒曲折，地形雄奇险峻。

明朝蒙古鞑靼和瓦剌等部经常从内蒙古阿拉善台地进入贺兰山赤木口(今三关口)，直驱中原。明朝统治者为了保障边防安全，特于三关口筑长城。据《宁夏古长城遗址》记载：这段长城是明成化年间修筑的，是西长城的一部分，南起今青铜峡市的大坝堡，北入永宁县境内。从宁夏由里往外，设头道关、二道关与三道关。

头道关的中间关门已荡然无存，此地山势开阔，是"缓口可容百马"之处。关口两侧拐弯处，各筑一座跨墙方墩台，高出墙面两米，顶部三米见方，南北关墙与长城连接，北关墙顺山梁向西延伸，南关墙施向东南，残墙高七米，基宽六米，顶宽3.2～3.5米。墙顶两侧筑有较薄的女儿墙，女儿墙残高50～70厘米，宽25～30厘米。

头道关向西六千米为二道关，关口南侧有一座二十多米高的山头，山头上设有墩台，十一米见方，高八米，用黄土夹沙砾夯筑，台西南角有脚窝可登顶，墩台与西南山峰之间残存有长一千米的城墙，残墙高两米。

三道关东距二道关两千米，此关被两山相夹，山谷狭窄，一水中分，山险壁峭，地形十分险要，颇有"一夫当关，万夫莫开"之势。筑关时曾依山而砌有石质长城和深沟各一道。现今已被辟为大道，但仍不失险峻之姿。昔日三关口一带绵延纵横的长城与墩台、烽火台左右连属，实有西控大漠咽喉要道之险。今日三关口虽只剩残垣断壁，但仍不失当年的雄奇险峻、蜿蜒壮丽，仍可想象到当年金戈铁马、烽火狼烟的战争场面。

图4-4【嘉峪关】嘉峪关长城位于嘉峪关市西南隅，因建于嘉峪山麓而得名，是明朝万里长城西端的终点，建于1372年。关城平面呈梯形，面积33 500余平方米，城墙总长733米，高11.7米。城楼东、西对称，面阔三间，周围有廊，三层歇山顶高17米，气势雄伟。关城四隅有角楼，高两层，形如碉堡。登关楼远望，寨外风光尽收眼底。

长江公路大桥 （T）

发行日期：2000.3.26

（2000-7）

4-1 万县长江公路大桥　　　　80分　　　　3 276.00万枚

4-2 黄石长江公路大桥　　　　80分　　　　3 276.00万枚

4-3 铜陵长江公路大桥　　　　80分　　　　3 276.00万枚

4-4 江阴长江公路大桥　　　　2.80元　　　1 912.00万枚

邮票规格：50 mm × 30 mm

齿孔度数：12度

整张枚数：40枚

版　　别：胶版

设计者：邹建军

印刷厂：辽宁省沈阳邮电印刷厂

全套面值：5.20元

知识百花园

　　为彰显祖国社会主义建设的重大成就，国家邮政局特发行这套《长江公路大桥》特种邮票四枚，这是继纪43《武汉长江大桥》和文14《南京长江大桥胜利建成》之后，又一次发行的长江大桥邮票，展示了道道长虹跨大江的雄伟气势。

邮票解析

　　图4-1【万县长江公路大桥】横跨于重庆市万县境内的长江之上。该桥于1994年5月28日正式开工，至1997年6月28日建成通车。大桥全长856.12米，桥面宽24米，全封闭。引道正线长8 000米，支线长4 000米。主孔跨径420米，一跨过江，引桥13孔，每孔跨径30米。结构为上承式钢筋混凝土箱型拱桥，是目前世界上同类桥型中最大的桥。大桥桥面标高245米，桥下净空高140米，可通行万吨巨轮。大桥总投资3.15亿元。是我国三峡库区的重要交通枢纽。

　　图4-2【黄石长江公路大桥】横跨于湖北省黄石市境内的长江之上。该桥于1992年7月正式开工，至1995年12月16日建成通车。大桥全长2 580米，其中主桥1 060米，连续总长度在目前同类桥型中居世界第一。单跨245米，为亚洲第一、世界第二。桥面宽20米，设计机动车辆通行能力为每天2.5万辆。大桥通航净空为220米×24米，桥下可容纳5 000吨单体轮船和3.2万吨大型船队通航。该桥为国家"八五"期间重点工程项目，总投资为5.08亿元，由中国路桥建设总公司和中国港湾建设总公司承包。大桥不仅增强了国家公路网的结构功能，对巩固国防和加快黄石及鄂东南地区经济建设的作用也很大。

　　图4-3【铜陵长江公路大桥】横跨于安徽省铜陵市境内的长江之上。该桥于1991年12月15日正式开工，至1995年11月16日建成通车。大桥全长2 592米，其中

主桥八墩七孔，长1 151米。主跨跨径432米，在目前已建成的同类型桥梁中，居亚洲第一、世界第三。桥型为预应力钢筋混凝土双塔双索面斜拉桥，主桥上部为梁板式结构，索塔高153.03米。引桥长1 440米。桥面宽23米，机动车上下行四车道，宽15米。桥下按一级航道通航标准设计，通航净高24米。大桥总投资5.4亿元人民币。它的建成，使铜陵成为皖中南交通枢纽和货物的集散地。

　　图4-4【江阴长江公路大桥】横跨于江苏省江阴市与靖江市境内的长江之上。该桥于1994年11月22日正式开工，至1999年10月1日建成通车。大桥全长3 071米，其中主跨1 385米，为中国第一、世界第四的大跨径悬索桥。南北桥塔高196米，桥面宽33.8米，双向六车道，设计车速为100千米/小时。桥下通航净空高50米，可通行5万吨级巴拿马货轮。主桥上部梁体采用扁平箱钢梁，主缆由2.2万根直径为5.35毫米的镀锌高强钢丝组成。总投资33.74亿元人民币。是一座体现90年代桥梁建筑一流水平的大桥。

江阴长江公路大桥

芜湖长江大桥（T）

发行日期：2001.9.20

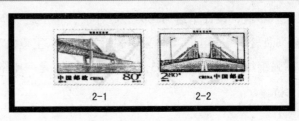

2-1   2-2

（2001-19）

| 2-1芜湖长江大桥 | 80分 | 2 500万枚 |
| 2-2芜湖长江大桥 | 2.80元 | 1 700万枚 |

邮票规格：50 mm×30 mm

齿孔度数：12度

整张枚数：16枚

版　　别：影雕版

设计者：郝欧

雕刻者：郝欧

印刷厂：北京邮票厂

全套面值：3.60元

知识百花园

　　芜湖长江大桥于1997年3月开工兴建，是迄今为止我国规模最大的一座公路、铁路两用桥。铁路桥为双线，长10 624米；公路桥为四车道，全长6 078米，跨江正桥长2 193米。大桥总工程量相当于南京长江大桥和武汉长江大桥的总和。

博物馆建设 （T）

发行日期：2002.11.9

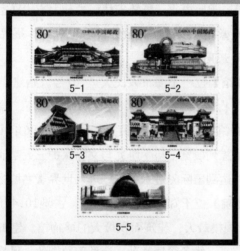

（2002-25）

5-1陕西历史博物馆　　　80分　　　1 145万枚

5-2上海博物馆　　　　　80分　　　1 145万枚

5-3河南博物院　　　　　80分　　　1 230万枚

5-4西藏博物馆　　　　　80分　　　1 145万枚

5-5天津自然博物馆　　　80分　　　1 130万枚

邮票规格：50 mm×30 mm

齿孔度数：13×12.5度

整张枚数：16枚

版　别：影写版

设计者：娄玮
印刷厂：北京邮票厂
全套面值：4.00元

邮票解析

图5-1【陕西历史博物馆】位于西安市小寨东路91号，占地约七万平方米，建筑面积约5.6万平方米，于1991年6月20日建成开放，是我国第一座现代化博物馆。其馆舍为唐代风格建筑，典雅凝重、气势宏伟、古朴大方，展室是融传统文化与现代科技为一体的艺术殿堂。七个展厅的殿线长达2 000米，展品多为稀世之宝，充分显示了陕西在中国历史上的重要地位。

图5-2【上海博物馆】位于上海市人民大道201号。始建于1952年，是闻名国内外的中国古代艺术博物馆。建筑面积3.8万平方米，地下二层，地面五层，建筑高度29.5米。上海博物馆新馆于1993年8月开工建设，1996年10月12日正式开馆。新馆设施先进，能满足陈列展览、科学研究与文物保护三大功能的需要，是我国科技含量最高的博物馆，达到国际先进水平，已进入世界著名博物馆之列。

图5-3【河南博物院】位于郑州市农业路8号，占地10.4万平方米，建筑面积7.8万平方米，是我国规模最大、建筑面积最大的博物馆。建筑群的设计以雄浑博大的"中原之气"为核心，线条简捷遒劲，造型新颖别致，风格独特，气势恢宏。1998年5月1日建成开馆。该院藏品丰富，文物荟萃，国宝盈目，蔚为大观。

图5-4【西藏博物馆】位于拉萨市罗布林卡路21号，占地5.3万平方米，是世界上海拔最高的博物馆，极具少数民族特色，是少数民族地区博物馆的代表。1999年10月5日新落成的西藏博物馆正式开馆接待游人，馆内展出西藏历史文化珍品1 000多件，展示了西藏的古代、近代文明史和独具魅力的灿烂文化。

图5-5【天津自然博物馆】位于天津市河西区马场道206号。占地两万平方米，主建筑1.2万平方米，是全国最大的自然博物馆之一。1998年10月1日建成开放，现有各类标本38万件，国家级藏品1 000多件，多数为我国乃至世界瑰宝中的珍品——模式标本。它以馆藏丰富、科研成果卓著享誉中外，居全国同类博物馆之首。

中国古桥—拱桥（T）

发行日期：2003.3.29

4-1

4-2

4-3

4-4

（2003-5）

4-1枫桥	80分	940万枚
4-2小商桥	80分	1 000万枚
4-3卢沟桥	80分	910万枚
4-4双龙桥	80分	890万枚

认识邮票中的建筑艺术

邮票规格：50 mm×30 mm

齿孔度数：11.5度

整张枚数：16枚（版式1），8枚（版式2）

版　别：影雕套印

设计者：张鸿斌

雕刻者：（1、3图）姜伟杰，（2、4图）李庆发

印刷厂：北京邮票厂

全套面值：3.20元

知识百花园

我国是世界上的桥梁大国，古代营造的桥梁数目多、种类多、构筑精、造型美。

邮票解析

图4-1【枫桥】位于江苏苏州市阊门外西面3.5千米的运河上，为单孔椭圆形石拱桥。始建于唐代，清同治六年（1867）重建。桥长约26米，高约六米。

图4-2【小商桥】位于河南漯河市郾城区与临颍区交界的颍河上，为敞肩式石拱桥，其结构形式与著名的赵州桥相似。隋开皇四年（584）建，元代重修。桥长约21米，宽约七米。

图4-3【卢沟桥】位于北京西南约15千米的永定河上，为石造联拱桥。始建于金大定二十九年（1189），金明昌三年（1192）建成。桥长266.5米，宽9.3米，下分11个涵孔。桥的两侧各有石望柱140根，并都刻有石狮，两端桥头上，还分别建有碑亭，立有石碑、华表、石狮和石象。

图4-4【双龙桥】位于云南建水县城西五千米处的沪江、塌冲两河交汇处，因两河犹如双龙蜿蜒衔接，故名。始建于清乾隆年间，为17孔联拱石桥，全长148米，宽3～5米。桥上建有亭阁三座，中阁为三重檐方形主阁，高近二十米，层檐重叠，壮丽巍峨。

钟楼与清真寺（T）

发行日期：2003.4.15

2-1   2-2

（2003-6）

| 2-1西安钟楼 | 80分 | 890万枚 |
| 2-2伊斯法罕清真寺 | 80分 | 850万枚 |

邮票规格：40 mm×30 mm

齿孔度数：13×13.5度

整张枚数：20枚（版式1），8枚（版式2）

版　别：影写版

设计者：殷会利　甄明舒　希尔德（伊朗）

印刷厂：北京邮票厂

全套面值：1.60元

知识百花园

邮票主图分别为中国西安的钟楼和伊朗的伊斯法罕清真寺。中伊是两个文明古国，两国人民之间的关系源远流长。1989年5月6日，中国古都西安与伊朗历史名城伊斯法罕结为友好城市。

邮票解析

图2-1【西安钟楼】西安钟楼坐落在西安市的中心，处于东、南、西、北大街的交汇处。这座高大的砖木结构楼阁式建筑，现已成为西安的象征。钟楼始建于1384年，1582年整体拆迁至今址。钟楼承袭明代建筑风格，楼高36米，重檐斗拱，攒尖高耸，屋檐微翘，华丽庄严。

图2-2【伊斯法罕清真寺】该寺是从伊斯法罕市二百多个清真寺中选出来的卢图福拉教长清真寺。卢图福拉教长是一位身得阿巴斯沙阿一世尊敬的宗教领袖，因此这座风格独特的寺院被命名为"卢图福拉教长清真寺"。该寺没有庭院和尖塔，只有一个拱形的诵经堂，内外部都用最精美的马赛克瓷砖装饰。入口处的门廊建于1603年，而其他部分于1621年完成。

西安钟楼夜景

苏州园林—网师园（T）

发行日期：2003.6.29

（2003-11）

4-1殿春簃	80分	930万枚
4-2月到风来亭	80分	930万枚
4-3竹外一枝轩	80分	930万枚
4-4万卷堂	2.00元	930万枚

邮票规格：30 mm×50 mm

齿孔度数：12.5×13度

整张枚数：16枚（版式1），8枚（版式2）

版　别：影写版

认识邮票中的建筑艺术

设计者：劳思

印刷厂：北京邮票厂

全套面值：4.40元

知识百花园

　　此套邮票为纪念第26届世界遗产大会在苏州召开而发行。网师园在苏州市阔家头巷，被誉为苏州园林之中的"极致小园"，是中国园林以少取胜的典范。1982年被国务院列为全国重点文物保护单位。1997年被联合国教科文组织列入《世界文化遗产名录》。网师园的造园历史可追溯到八百年前。南宋淳熙初年，吏部侍郎史正志于此建万卷堂，其花圃名为"渔隐"，植牡丹500株。清乾隆年间，光禄寺少卿宋宗元在此建园，借原来"渔隐"之意，取名网师园。网师园被分为三个景区：东部住宅区、中部山水景物区、西部内园区。全园结构紧凑、布局巧妙，假山、水池互相衬托，亭台楼阁，参差错落，比例合适，有迂回不尽之致。网师园在苏州诸园中别具特色，为古典园林的杰作。1980年美国纽约大都会艺术博物馆所建的古典庭园"明轩"，就是以其内园区的殿春簃为蓝本的。

苏州网师园

中国名亭（一）（T）

发行日期：2004.11.6

4-1   4-2

4-3   4-4

（2004-27）

4-1爱晚亭	80分	1 100万枚
4-2琵琶亭	80分	1 020万枚
4-3兰亭	80分	1 020万枚

认识邮票中的建筑艺术

4-4醉翁亭　　　80分　　　　1 020万枚

邮票规格：30 mm×40 mm

齿孔度数：13.5×13度

整张枚数：16枚（版式1），8枚（版式2）

版　别：影写版

设计者：茹峰

印刷厂：北京邮票厂

全套面值：3.20元

知识百花园

亭是园林建筑中的重要组成部分。我国的亭子建筑风格各异，现已成为华夏神州具有代表性的风景名胜。

邮票解析

图4-1【爱晚亭】位于湖南长沙岳麓山下清风峡中，由诗"停车坐爱枫林晚，霜叶红于二月花"得名。

图4-2【琵琶亭】位于江西九江长江之滨，为纪念诗人白居易在此写下《琵琶行》而始建于唐代。

图4-3【兰亭】位于浙江绍兴西南渚山麓间，相传春秋末年越王勾践种兰于此，故名。

图4-4【醉翁亭】位于安徽滁州琅琊山麓，欧阳修常来此亭饮酒作诗，故将期取名为"醉翁亭"，并写下了千古名篇《醉翁亭记》，遂使此亭闻名。目前的亭子为清代重建。

南通博物苑（T）

发行日期：2005.7.16

2-1   2-2

（2005-14）

2-1南馆   80分   955万枚

2-2中馆   80分   955万枚

邮票规格：40 mm×30 mm

齿孔度数：12.5度

整张枚数：8枚/4套

版　别：影雕套印

设计者：袁加

雕刻者：阎炳武

印刷厂：北京邮票厂

全套面值：1.60元

知识百花园

南通博物苑位于江苏南通市东南濠河边（濠南路3号），是中国人创办的第一座博物馆，在中国文博界具有重要的地位，被公认为中国博物馆事业的发祥地。1905年1月14日，民族实业家张謇在家乡南通创办了博物苑，被称为"中国第一博物馆"。它融中国古代园林与近代博物馆于一体，将民族特色与科学内容相结合，是一座"园馆一体"的城市园林式综合性博物馆。邮票的主图分别表现了博物苑南馆和中馆。

邮票解析

图2-1【南馆】南馆称博物楼，平面呈凸字形，为一座西式的二层楼房，是博物苑中最重要的建筑。

图2-2【中馆】中馆是博物苑的最早建筑，三开间中式平房，中间的平顶上加盖二层红色金字塔形小楼，颇为别致。博物苑内不仅收藏陈列自然、历史、美术、教育等方面的文物与标本，还可以进行饲养、栽培等实地科学实验。南通博物苑1988年被定为全国重点文物保护单位。南通博物苑在收藏、科研和陈列三方面都发挥了应有的作用。

南通博物苑

扬州园林（T）

发行日期：2007.4.8

3-1   3-2   3-3

（2007-7）

3-1何园   1.20元   898.59万枚

3-2个园   1.20元   898.59万枚

3-3徐园   1.20元   898.59万枚

邮票规格：50 mm×30 mm

齿孔度数：12×11.5度

整张枚数：18枚（连印）

版　别：胶印

设计者：吴越晨

印刷厂：河南省邮电印刷厂

全套枚数：3枚

全套面值：3.60元

认识邮票中的建筑艺术

知识百花园

　　江苏扬州地处南北要冲，其园林有"北雄南秀"之美，曾有"扬州园林之胜，甲于天下"的说法。扬州园林"以园胜亭"、以低桥为美，充分运用遮隔艺术，在自然风貌与人工山水的结合上有匠心独运的创造，亭廊楼阁或依山而筑、或傍水而建，桥连廊接，美不胜收。扬州园林景观是能工巧匠的杰作与大自然的完美结合。

邮票解析

　　图3-1【何园】位于扬州市古运河畔的徐凝门街，占地1.4万平方米，建筑面积七千多平方米。

　　图3-2【个园】位于扬州市盐阜东路，园内有多种竹子，竹叶形状似"个"字，故名。

　　图3-3【徐园】位于扬州市瘦西湖长堤上，占地九亩有余。

个园

苏通长江公路大桥（T）

发行日期：2008.4.12

2-1　　　　　　　　　　　2-2

（2008-8）

2-1苏通长江公路大桥　　　　1.20元　　　　1 149.18万枚

2-2苏通长江公路大桥　　　　1.20元　　　　1 149.18万枚

邮票规格：50 mm×30 mm

齿孔度数：13×13.5度

整张枚数：16枚（连票）

版　别：影写版

设计者：李志宏

印刷厂：北京邮票厂

全套枚数：2枚

全套面值：2.40元

　　苏通长江公路大桥起于通启高速公路的小海互通立交，终于苏嘉杭高速公路的董浜互通立交，连接了江苏省南通、苏州两市，既是黑龙江至福建干线公路的组成部分，也是江苏省公路主骨架网——赣榆至吴江高速公路的重要组成部分，是我国桥梁建筑史上工程规模最大、综合建设条件最复杂的特大型桥梁工程。苏通长江公路大桥全长32.4千米，主要由北岸接线工程、跨江大桥工程和南岸接线工程三部分组成。主桥采用双塔双索面钢箱梁斜拉桥，主跨径达1 088米，列世界第一；主塔高300.4米，为世界第一高桥塔；斜拉索长577米，居世界第一。全线采用双向六车道高速公路标准。2008年4月12日，苏通长江公路大桥胜利通车，南通人实现了百年越江梦想。

苏通长江公路大桥

杭州湾跨海大桥（T）

发行日期：2009.6.18

2-1　　　　　　　　　　　　　　　2-2

（2009-11）

2-1大桥雄姿　　　　　1.20元　　　　　1 049.63万枚

2-2海中平台　　　　　1.20元　　　　　1 049.63万枚

邮票规格：50 mm×30 mm

齿孔度数：12度

整张枚数：12枚（连印）

版　　别：胶印

设计者：阎炳武

印刷厂：北京邮票厂

全套枚数：2枚

全套面值：2.40元

　　杭州湾跨海大桥是一座横跨中国杭州湾海域的跨海大桥，它北起浙江省嘉兴市海盐郑家埭，南至宁波市慈溪水路湾，是沈海高速公路的一部分，全长36千米，是世界上最长的跨海大桥。杭州湾跨海大桥2002年经国家计委批准立项，2003年6月8日奠基，2007年6月26日全线贯通，2008年5月1日建成通车。通车后大大缓解了已经拥挤不堪的沪杭和杭甬高速公路的压力。

杭州湾跨海大桥

拉卜楞寺（T）

2-1

2-2

（2009-16）

2-1大经堂	1.20元	1 049.81万枚
2-2贡唐宝塔	1.20元	1 049.81万枚

邮票规格：40 mm×30 mm

齿孔度数：13度

整张枚数：14枚（连印）

认识邮票中的建筑艺术

137

版　别：胶印
设计者：姜伟杰
印刷厂：辽宁省沈阳邮电印刷厂
全套枚数：2枚
全套面值：2.40元

知识百花园

　　拉卜楞寺位于甘肃省甘南藏族自治州夏河县境内，是中国著名的藏传佛教格鲁派六大宗主寺之一，始建于康熙四十八年（1709），历经三百年的发展，现已成为全国藏经最多的寺院，也是世界最大的藏学学府。寺院以其精湛的建筑艺术和辉煌的宗教文化而著称，是一座当之无愧的集民族文化、艺术为一身的宝库，在国内外享有盛誉，是全国重点文物保护单位、国家"4A级"旅游景区，有"中国小西藏"和"东方梵蒂冈"的美称。拉卜楞寺占地1 234亩，建筑面积82.3万平方米，拥有经堂六座，佛殿84座，藏式楼31座，佛宫30院。寺内藏有各类经卷6万余册，是藏书最多的寺院。拉卜楞寺下设六大学院，一个显密学院，五个密宗学院，为世界最大的喇嘛教学府。

拉卜楞寺

鹳雀楼与金门（T）

发行日期：2009.8.14

2-1   2-2

（2009-17）

2-1鹳雀楼	1.20元	1 059.17万枚
2-2金门	1.20元	1 049.97万枚

邮票规格：40 mm×30 mm

齿孔度数：13度

整张枚数：16枚

版　　别：影写版

设计者：郭承辉

印刷厂：北京邮票厂

全套枚数：2枚

全套面值：2.40元

认识邮票中的建筑艺术

图2-1【鹳雀楼】位于山西省永济市蒲州古城西面的黄河东岸，前对中条山，下临黄河，是唐代河中府著名的风景胜地。相传当年时常有鹳雀（鹳，鹤一类的水鸟）栖于其上，所以得名。该楼始建于北周（557-581），废毁于元初。由于楼体壮观，结构奇巧，加之拥有区位优势，风景秀丽，唐宋之际文人学士登楼赏景，留下许多不朽诗篇，千余年间，对激励振兴中华民族产生了深远影响。为弘扬中华民族文化，1997年12月，鹳雀楼复建工程破土动工，2001年主体工程完成封顶，现在这座九层高楼在永济市黄河岸边落成。登楼观大河，其势依旧雄伟壮观、令人遐想。

图2-2【金门】金门为乌克兰的标志，建于11世纪，是现存不多、保留完好的雅罗斯拉夫大公时代的建筑之一。金门是古代基辅城的正门，门扇和门楼上的教堂、原顶装饰有镀金的铜箔，因此得名。门高12米，宽6.4米。修建金门的目的，一是作为当时基辅最主要的城门，二是作为防御之用。1983年金门遗址经整修后被辟为博物馆，对游人开放。从楼顶瞭望台观看风景最佳。馆内陈列许多古基辅的文物。

鹳雀楼

国家图书馆（T）

发行日期：2009.9.9

（2009-19）

2-1古籍馆　　　　　　1.20元　　　　1 079.74万枚

2-2总馆北区　　　　　1.20元　　　　1 079.74万枚

邮票规格：30 mm×50 mm

齿孔度数：13.5度

整张枚数：16枚

版　别：影写版

设计者：李群

印刷厂：北京邮票厂

全套枚数：2枚

全套面值：2.40元

邮票解析

　　国家图书馆位于北京市海淀区白石桥南长河畔，紫竹院公园旁，坐落在中关村南大街33号，包括北海公园附近的文津街分馆，馆舍面积共17万平方米。国家图书馆的主楼为双塔型高楼，通体以蓝色为基调，取其用水慎火之意。地上书库19层，地下书库三层，书库建筑面积六万平方米，设计藏书能力2 000万册。裙楼分布在主楼两侧，并形成两个面积甚大的天井，天井内为花园，形成楼中有园的独特景致，裙楼地上五层，地下一层，分布着图书馆的各个功能单元，设置了各具特色的阅览室46个，其中开架阅览室23个。国家图书馆每年接待海内外读者400多万人次。该建筑荣膺"20世纪80年代北京十大建筑"榜首，是亚洲规模最大的图书馆。

国家图书馆

古代书院（二）（T）

发行日期：2009.11.15

4-1　　　　4-2

4-3　　　　4-4

（2009-27）

4-1石鼓书院	1.20元	1 160.11万枚
4-2安定书院	1.20元	1 160.11万枚
4-3鹅湖书院	1.20元	1 165.87万枚
4-4东坡书院	1.20元	1 149.87万枚

认识邮票中的建筑艺术

邮票规格：33 mm×44 mm

齿孔度数：13.5度

整张枚数：16枚（版式1），8枚（版式2）

版　别：影写版

设计者：范曾　邹玉利

印刷厂：北京邮票厂

全套枚数：4枚

全套面值：4.80元

知识百花园

　　书院是中国古代一种独特的教育机构，起源于唐代，兴盛于宋代。从唐中叶到清末，经历了千年之久的办学历史，形成了一套独具特色的办学形式、教授方法和管理制度，使源远流长的私学传统趋于成熟和完善，打破了显贵垄断教育的特权，为老百姓提供了受教育的机会。

邮票解析

　　图4-1【石鼓书院】始建于唐元和五年（810），原址在湖南衡阳石鼓山，作为衡州学者讲学之所。公元1035年，朝廷赐额"石鼓书院"。

　　图4-2【安定书院】在江苏省泰州中学内，为北宋教育家胡瑗讲学旧址。创建于南宋宝庆二年（1226），是江苏省最古老的书院之一。

　　图4-3【鹅湖书院】位于江西铅山县城东南鹅湖山北麓的山谷里，在我国文化史上极负盛名。

　　图4-4【东坡书院】位于海南儋州市中和镇，是为纪念苏东坡而修，建于1098年，后经重修，明代更为现名，为历代儋州最高学府，培养了不少人才，成为海南重要的人文胜迹之一。

广济桥（T）

发行日期：2009.11.16

3-1   3-2   3-3

（2009-28）

3-1广济桥	1.20元	1 049.91万枚
3-2广济桥	1.20元	1 049.91万枚
3-3广济桥	1.20元	1 049.91万枚

邮票规格：50 mm×30 mm

齿孔度数：13×12.5度

整张枚数：12枚（连票）

版　别：胶印

设计者：王虎鸣

印刷厂：北京邮票厂

全套枚数：3枚

全套面值：3.60元

认识邮票中的建筑艺术

145

我是小小集邮家丛书

146

　　广济桥（俗称湘子桥），全国重点文物保护单位，位于广东潮州古城东门外，横跨韩江，东临笔架山，西接东门闹市，南眺凤凰洲，北仰金城山。广济桥以"十八梭船二十四洲"的独特风格，与赵州桥、洛阳桥、卢沟桥并称中国四大古桥。曾被著名桥梁专家茅以升誉为"世界上最早的启闭式桥梁"。该桥始建于南宋乾道七年（1171），明嘉靖九年（1530）形成"十八梭船二十四洲"的格局。2003年全面维修，2007年竣工。修复后的广济桥集梁桥、拱桥、浮桥于一体，是我国桥梁史上的孤例，桥墩上建有亭台楼阁，兼作经商店铺，故有"廿四楼台廿四样""一里长桥一里市"之美称，桥上众多的楹联亭匾，让人恍若置身于诗文书法的艺术长廊中。

广济桥

楼兰故城遗址（T）

发行日期：2010.7.3

2-1   2-2

（2010-17）

2-1佛塔   1.20元

2-2三间房   1.20元

邮票规格：50 mm×30 mm

齿孔度数：13度

整张枚数：16枚（8套）

版　别：胶印

设计者：姜伟杰

印刷厂：河南省邮电印刷厂

全套枚数：2枚

全套面值：2.40元

　　2010年是楼兰故城遗址发现110周年。新疆巴音郭楞蒙古自治州境内的楼兰古国为西汉西域三十六国之一。楼兰故城是古"丝绸之路"上的重镇，是我国古代对西开放的商贸中心和重要窗口，在对外贸易文化交流等方面发挥了重要的作用，并最终形成了光辉灿烂的楼兰文明和文化，被誉为"中世纪文明的曙光"。1900年楼兰故城遗址被发现，1988年被国务院公布为全国重点文物保护单位，2007年被列入"丝绸之路"联合申报世界文化遗产。

邮票解析

　　图2-1【佛塔】佛塔是楼兰故城遗址最有代表性的建筑之一，位于楼兰城内东北区，是楼兰故城雄伟壮观的夯土建筑遗址。

　　图2-2【三间房】三间房为城内最醒目的标志之一，位于古河道南。北房三间保存较好，是城中唯一用土坯砌墙的房屋。楼兰故城遗址的发现，为了解中原王朝与西域古国的关系，研究东西文化交流和丝绸之路提供了珍贵资料。

楼兰故城遗址

孔庙、孔府、孔林（T）

发行日期：2010.9.28

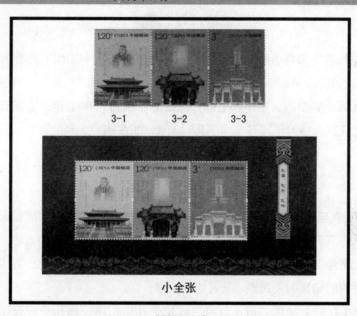

小全张

（2010-22）

3-1孔庙　　　　　　　　1.20元

3-2孔府　　　　　　　　1.20元

3-3孔林　　　　　　　　3.00元

小全张　　　　　　　　5.40元

邮票规格：33 mm×44 mm

小全张规格：160 mm×80 mm

齿孔度数：13.5度

认识邮票中的建筑艺术

整张枚数：12枚（4套）

版　别：胶印

设计者：郝旭东　陈景异

印刷厂：辽宁省沈阳邮电印刷厂

全套枚数：3枚

全套面值：5.40元

小全张售价：8.10元

知识百花园

孔子是世界上最伟大的哲学家、政治家和教育家，中国儒家思想的创始人。2010年是孔子诞辰2561年。曲阜的孔庙、孔府、孔林合称"三孔"。"三孔"包括了孔子及其后裔的宗庙、墓地和宅邸，总占地面积约3 500余亩，是拥有近千间建筑的庞大建筑群。1994年12月，"三孔"入选"世界遗产名录"。

邮票解析

图3-1【孔庙】位于曲阜城中央，是一组具有东方建筑特色、规模宏大、气势雄伟的古代建筑群。整个建筑群前后共九进院落，布局严谨，左右对称。庙内保存有大量历代塑像、绘画和石刻，是研究封建社会政治、经济、文化、艺术的珍贵史料。邮票主图的建筑为大成殿，是孔庙的主殿。

图3-2【孔府】又称"衍圣公府"，位于孔庙东侧，是孔子嫡长孙居住的府第，也是中国封建社会官衙与内宅合一的典型建筑。始建于宋金时期，明洪武十年（1377）建府于今址，面积约4.9万平方米，有厅、堂、楼、房约480间，分前后九进院落，中、东、西三路布局。府内藏有大量珍贵的历史档案和历代服饰、用具等文物。邮票主图的建筑为重光门。

图3-3【孔林】又称"至圣林"，位于曲阜城北，是孔子及其后裔的家族墓地，前后延续使用了约2500年，共有孔氏子孙墓十余万座。现孔林占地约两平方千米，四周有长七千米的砖砌围墙环绕。孔林是世界上延续年代最久远、保存最完整、规模最大的家族墓地。邮票主图的建筑为孔子墓，是孔林的中心所在，其形状似一隆起的马背，墓周环以红色垣墙，墓前碑上刻有"大成至圣文宣王墓"。